KB240156

회사를
키우는
실행의 힘

회사를
키우는
실행의 힘

초판 1쇄 발행 2014년 12월 1일

지 은 이 홍석환
발 행 인 권선복
편집주간 김정웅
편 집 김소영
디 자 인 김소영
전 자 책 신미경
마 케 팅 서선교
발 행 처 도서출판 행복에너지
출판등록 제315-2011-000035호
주 소 (157-010) 서울특별시 강서구 화곡로 232
전 화 0505-613-6133
팩 스 0303-0799-1560
홈페이지 www.happybook.or.kr
이 메 일 ksbdata@daum.net

값 15,000원

ISBN 979-11-5602-078-3   13300

Copyright ⓒ 홍석환, 2014

* 이 책은 저작권법에 따라 보호받는 저작물이므로 무단전재와 무단복제를 금지하며, 이 책의 내용을 전부 또는 일부를 이용하시려면 반드시 저작권자와 〈도서출판 행복에너지〉의 서면 동의를 받아야 합니다.
* 잘못된 책은 구입하신 곳에서 바꾸어 드립니다.

도서출판 행복에너지는 독자 여러분의 아이디어와 원고 투고를 기다립니다. 책으로 만들기를 원하는 콘텐츠가 있으신 분은 이메일이나 홈페이지를 통해 간단한 기획서와 기획의도, 연락처 등을 보내주십시오. 행복에너지의 문은 언제나 활짝 열려 있습니다.

회사의 '지속적인 성장'을 위해 반드시 해야 할 일들!

회사를
키우는
실행의 힘

홍석환 지음

도서
출판 행복에너지

기업에 입사하여 근무한 지가 벌써 29년이 흐르고 있다.

1986년 삼성에서 첫 업무를 시작하면서 시스템 경영을 배웠다. 입문교육부터 철저하게 경쟁과 공정 의식 그리고 삼성인이라는 자부심을 심어주었다. 삼성의 전략 경영, 구조본 경영, 사람보다는 시스템 경영, 공정하고 투명한 인사, 무노조 경영, 인재 중시 육성 등은 회사 성장의 원동력이 되어 왔다. 17년 동안의 삼성생활 이후 LG/GS그룹에서 8년을 근무했다. 인화를 기반으로 하여 신뢰 경영, 최고경영자의 전문성, 인적자원의 우수성 그리고 튼튼한 사업구조가 GS칼텍스를 세계 속의 회사로 우뚝 서게 하였다. 그리고 KT&G로 옮겨 4년을 근무하면서 많은 기업들을 대상으로 컨설팅, 연구회 및 강의 등을 하면서 한국기업의 흥망성쇠를 지켜봤다.

삼성, GS칼텍스처럼 사업구조, 경영시스템, 핵심가치와 강한 리더십을 중심으로 성장하는 회사가 있다면 망하는 기업도 있다. 이들 회사의 공통점은 '좋은 것이 좋은 거야', '하라면 해', '그럴 줄 알았다', '해 봤자 안 된다니까' 등의 부정적이고 회의적 인식이 가득하다.

　조금 더 구체적으로 살펴보면 1) 사업의 본질도 모르고, 방향과 주관이 없는 경영자와 관리자가 많다. 2) 구성원들은 회사의 비전과 목표를 모르며 누군가가 구해 주겠지 하는 심정으로 기다리는 것 이외 특별히 성과를 내지 않는다. 3) 회사 제도는 일방적이고 획일화되어 있다. 승진하는 사람은 언제나 성과와 역량이 아닌 존경 받지 못하는 사람이 된다. 1년에 책 한 번 읽지 않고 단 한 번도 교육에 참석하지 않은 사람이 승승장구를 한다. 성과 목표도 없고 중간 과정과 관리도 없고 좋은 것이 좋은 거야 식의 안일주의가 팽배하다. 4) 계획은 거창하나 실행이 없다. 5) 회사의 병폐에 대해 나와는 관계없다는 식의 무관심으로 일관한다. 규정은 있으나 지켜지지 않는다. 6) 일방적인 회의와 대상자의 침묵으로 주관자만 바쁘다. 7) 상의하달은 잘되지만, 하의상달과 수평적 커뮤니케이션은 잘 이루어지지 않는다.

　기업은 지속적으로 성장해야 한다. 실행하지 않는 기업이 아닌 구성원들이 일하고 싶은 기업으로 거듭나야 한다. 망해 가는 기업들의 실제 현상들을 기업 내부인의 시각으로 제시하고 개선해 나가길 바라는 마음에서 이 책의 집필을 시작했다. 누구나 알고 있는 내용이지만 중시하지 않거나 실천하지 않음으로써 기업이 점차 경쟁력을 잃어가는 모습이 안타까웠다. 처음에는 조그만 나뭇조각으로 메울 수 있는 구멍을 방치함으로써 큰 바위로도 막지 못하는 결과를 초래하는 것이 안타까웠다. 웅대한 꿈을 가지고 입사하여 무엇인가 큰일을 하고 싶은 신입사원들이 꿈을 접고 열정도 꺾이고 기존 선배들과 마찬가지로 현실에 안주하는 모습이 매우 안타까웠다. 결국은 사람이다. 우수인재들은 결코 실행하지 않는 기업에 머무르지 않는다. 그저 기득권자들만이 남아 자신이 회사에 근무하는 동안에는 회사는 망하지 않는다는 생각으로 안일하게 지낸다. 이런 이들은 10년 후나 자신의 후배들은 생각하지 않기 때문에 제도나 시스템을 개선하려고 하기보다는 기존의 방식을 더욱 공고히 한다.

이 책은 실행하지 않는 기업의 사례들을 설명하고 있을 뿐 실천하기 위해 위해 무엇을 어떻게 해야 하는가에 대한 제시는 없다. 초우량기업이 되는 요령을 가르쳐 주기보다는 사업의 본질, 제도, 리더십 등을 먼저 생각하게 한다. 역설적으로 실행하지 않는 기업의 여러 특징을 보면서 회사를 올바르게 이끌기 위해 무엇을 어떻게 해야 하나 고민하기를 권한다. 회사의 강점이 무엇인가를 고민하고, 강점을 강화해 나가기를 독려한다. 혼자 대책을 세워 나가기보다는 경영진이 함께 토론하여 결정해 나가길 권한다.

집필을 하면서 고마운 분들이 많다. 삼성비서실, 삼성경제연구소, GS칼텍스, KT&G 등 직장 생활을 하면서 많은 인사이트를 주신 멘토님, 선배님, 동료와 후배님들이 있다. 한 분 한 분 거명하지 못함이 죄송스럽다. 한국 HR포럼, 인사노무연구회, 한국형 인사조직연구회 등의 회원님들, 한국능률협회KMA 이구수 상무님, 신용보증기금 김종신 본부장은 이 책이 왜 출판되어야 하는가에 대해 강한 자극을 주었다. 주말에 책을 쓰는 동안에는 집필에만 전념할 수 있도록 배려해 준 아내, 아버지의 꿈이 된 서진, 서영과 출판할 수 있도록 배려해 준 도서출판 행복에너지 권선복 사장님에게 깊은 감사를 드린다.

2014년 10월
일산과 대전 KT&G 사택을 오가며

홍석환

추종자가 되어버린 임원

Part 3 흔들리는 개인 비전과 목표

Part 4 일방적이고 획일화된 인사제도

선발과 승진

육성제도

성과관리

퇴직관리

Part 5   비효율적인 업무 관행

보고/의사결정 관행

PART

1

사업의
본질을
이해하지 못한다

우리 사업은
안전이 최고이다

30년 넘은 화학 공장과 같은 장치산업이 있는 회사를 가면 정문부터 '안전제일'이라고 쓰여 있는 커다란 간판이 걸려 있다. 공장 사무실에도 '안전'이고 근로자들이 쓴 안전모에도 '안전'이다. 커다란 파이프라인으로 이루어진 공장의 생산품은 화학물질이기 때문에 한 번의 안전사고는 제품불량의 수준이 아니다. 자칫하면 도시 하나가 파괴될 수 있는 엄청난 위력을 갖고 있기 때문에 정부에서도 특별 감독한다. 이 공장에 근무하는 사람들의 안전에 대한 자부심도 대단하다. '내가 우리 회사, 나아가 우리나라의 안전을 지키는 리더'라는 인식이 강하다.

이러한 공장들의 본사는 대부분 서울에 있다. 공장과 본사 인력의 교류 차원에서 실시되는 직무 순환제도의 영향으로 본사

전략팀에도 공장 기획팀에 근무하던 사람이 올라와 근무하고 있다. 공장의 생산기획팀에도 본사 전략팀의 과장이 근무한다. 어느 순간 이들에게는 안전에 대한 강박관념이 내재되어 타 부서 사람들에게도 전파된다. 의사결정의 가장 중요한 요인이 안전이다. 안전이 저해되는 일을 추진하기란 불가능하다. 인력에 대한 조정도 안전사고의 위험이 있다고 하면 더 이상의 진척이 불가능하다. 뭔가 혁신 프로그램을 도입하여 교육하고 싶어도 안전 담당자라 자리를 비울 수 없다는 말 한마디면 예외가 된다.

울산에 있는 화학 공장을 컨설팅할 때의 일이다.

회사는 기존 사업에서 벗어나 신규 사업으로 전환을 해야만 하는 시점에 서 있었다. 기존 사업은 더 이상 부가가치를 창출하기 힘들었다. 이에, 지금까지 회사가 추진해 왔던 신규 사업에 매진해야 했다. 대표이사는 뭔가 비전을 다시 설정하고 핵심가치를 정해 구성원들의 동참을 이끌어 내고 싶어 했다. 비전은 대표가 결정했고 이제 구성원 의견을 취합하여 핵심가치를 정하면 되었다.

처음 사무국은 4개의 핵심 가치를 생각했다. '도전, 열정, 창조, 신뢰'로 신뢰를 기반으로 창조적 사고로 열정을 다해 도전하여 새로운 문화를 이끌고 싶어 했다. 그러나 구성원 설문을 통해 나온 결과는 전혀 달랐다. 의도하지 않은 한 가치에 무려 80%의 인력이 몰렸다. 바로 안전이었다. 그들에게는 신규 산업이든 기존 산업이든 안전만이 최고라는 인식이 뿌리 깊게 자리하고 있었다. 그들은 안전을 이야기하지 않고 도전하라고 하면 더 큰 사고가 발생한다고 인식하고 있었다.

사업 환경이 변하고 기존의 사업으로는 생존할 수 없다는 것을 알면서도 지금까지 자신의 의사결정과 행동의 기준이 된 가치를 바꾸기는 어렵다. 문제는 그 가치가 바꿀 수 없는 저항의 원동력이 되어 성장의 부메랑이 되는 경우이다. 옹고집이 되어 닫힌 상태에서 타협하지 않으면 곤란하다. 실행하지 않는 기업은 주변을 보지 않고 자신만의 울타리 안에서 고집스럽게 나아간다.

우리는 장치산업이라 아무나 못 해

장치산업을 하는 한 기업을 컨설팅할 때의 일이다.

장치산업의 특성상 설비 경쟁력이 그 회사 매출과 순이익의 대부분을 차지했다. 대규모 설비를 갖추기 위해서 어마어마한 투자가 이루어져야 하는 자본집약 산업의 대표적 표본이었다.

이 회사 경영층과 구성원의 인식 속에는 회사를 이끄는 원동력은 당연 설비라고 뿌리박혀 있었다. 대부분의 기업들은 사람의 경쟁력을 이야기하지만 이 회사는 사람이 아무리 뛰어나다 하더라도 설비 하나 더 증설하는 것만 못하다고 생각했다. 그만큼 이 회사가 대규모 장치산업이며 자본집약산업이다 보니, 타그룹들이 이 사업에 쉽게 뛰어들 수 없었다. 자연스럽게 독점의 형태로 군림할 수가 있었다.

사업이 보유하고 있는 특성이 이렇다 보니 제품의 생산과 영업도 공급자 중심이었다. 생산을 하면 사려는 사람들이 줄을 서서 대기하는 입장이다 보니 특별히 영업이라고 할 것까지도 없었다. 제품의 판매는 사려는 회사의 구매 담당 또는 경영층과 얼마나 더 친분이 있느냐가 중요했다.

IMF를 겪으면서 많은 기업들이 도산을 하게 되었다. 그러나 이 회사의 분위기는 IMF와 무관했다. 대부분 임직원은 우리 산업은 아무나 할 수 있는 산업이 아니기 때문에 독점체제가 지속될 것이라는 확신에 차 있었다. 50대의 현장 교대장에게 "장래 무엇이 가장 걱정되느냐?" 물어보았다. "아들이 한 명 있는데 대학 졸업하고 지금 놀고 있다. 취업이 되었으면 한다.", "노후에 무엇을 해야 할지 모르겠다.", "가진 돈이 없어 답답하다." 등 모두가 개인적 사정이었다. 회사에 대한 걱정은 단 한 건도 없었다. 정상적인 회사라면 회사의 미래와 나아갈 전략에 대해 이야기한다. 하지만 이 회사의 사람들에게는 우리 회사가 앞서가는 회사와 무엇이 차이가 나며 어떻게 따라갈 것인가에 대한 고민이 없다.

군대문화가
울고 가는 보수성

　대한민국의 남성이라면 군대 생활에 대한 추억이 한두 가지는 있을 것이다. 지시 사항에 대한 복창과 절대 복종, 나이 어린 고참의 말도 안 되는 지시에 저항하지 못하고 해야만 할 때 느끼는 굴욕감, 이등병·일등병 시절의 황망함, 고약한 선배라도 만나면 한밤중에 밖에 나가 앞으로 뒤로 눕는 등의 기합을 받는다.

　물론 가슴 깊이 간직된 아름다운 추억도 많은 곳이지만 기본적으론 주어진 틀과 제한된 장소에서 벗어나지 못하고 억제된 생활을 해야만 하는 곳이다. 총기 등의 위험물이 많아 자율보다는 안전 위주의 철저한 규율이 정해져 있으며 생각과 행동이 보수적일 수밖에 없다.

　오 씨는 군을 제대하고 곧바로 입사한 행운아이다. 울산에 거점을 둔 석유화학공장에 배치되어 교육을 받게 되었다. 정문에서 보이는 공장 전경은 건물과 파이프밖에 없다. 걸어 다니는 사람도 거의 없다. 하늘을 향해 수증기를 내뿜는 기둥만이 시간이 흐른다는 느낌을 주는 전부였다. 안내를 받아 교육장에 가니 군화와 군복을 연상케 하는 작업복을 입은 선배가 있었다. "신입사원인가?" 무뚝뚝한 음성으로 묻는다. "예, 금번 입사한 오입니다." 축하한다는 짧은 인사와 함께 명패 있는 곳으로 가서 앉으라 한다. 앞서 몇 명이 와 있었는데 인사를 나눌 분위기가 아니다. 교재를 보니 회사의 연혁부터 제도의 소개로 가득하다.

1개월의 입문교육은 합숙으로 이루어지며 새벽 6시 기상에 아침체조 후 식사, 아침 8시부터 밤 10시까지 교육 강행군이다. 잠자기 전에 수련기를 기록해야 하며, 이 수련기는 매일 아침 선배들이 점검한다. 만나는 모든 사람에게 인사해야 한다. 벌점제도가 있어 벌점이 일정 점수 이상이면 퇴소 조치된다. 선배와의 대화, 경영층과의 대화가 있었지만 질문은 없고 자신들의 이야기만 하고 끝난다. 매일 매일 부여되는 과제는 사벽까지 해야 겨우 끝이 난다.

입문교육 후 배치된 인사부의 분위기는 마치 졸에 들어온 느낌이다. 아무도 고개를 들고 축하해 주는 이가 없다. 담당 임원에게 인사하고 팀장에게 인사하니 팀원들에게 소개한다. 축하 박수 후 자리에 앉아 빈 책상을 바라본다. 채용업무가 부여되었다. 채용 매뉴얼대로 하라고 한다. 선배들도 규정대로 일을 한다.

입사지원서가 전부 서면으로 되어 있어 복사하기도 어렵고 보안 상의 문제도 있어 전산화 개발을 요청하였다. 팀장은 지금까지 서면으로도 일을 잘해왔고 채용인원도 적기 때문에 굳이 전산화 개발을 할 필요가 없다고 한다. 며칠 후 한 번 더 요청을 드렸으나 그냥 그대로 하라고 한다. 면접 프로세스 개선과 면접관 교육을 해야 한다고 하니 다 경험자들로 잘하고 있다며 전과 같이 하라고 한다. 새로운 아이디어가 없다. 모두 규정에 의해 처리된다. 융통성을 발휘할 기회가 없는 듯하다. 마치 내가 기계의 부속이 된 느낌이었다.

생각해 본다. 10년이 지난 후 나의 모습이 어떻게 되어 있을까? 내 업무의 전문성은 얼마나 향상되며, 외부 시장에서의 나의 가치는 어느 수준일 것인가? 서울에서 근무하는 친구에게서 연락이 왔다. 입사 3개월 만에 제안한 프로젝트가 승인이 되어 미국의 기업을 벤치마킹 하러 간다고 한다. 자신이 프로젝트의 리더라는 말과 함께.

고객 Needs 파악을
왜 하나요?

홍서진 과장은 고민이 많다. 새로 부임한 팀장이 무슨 일만 하려 하면 구성원들에게 어떻게 생각하느냐고 묻는다. 지금까지 이 회사에서는 구성원의 의견을 물어본 적이 없다. 인사담당자가 구상하여 경영층의 승인을 받으면 그대로 실시하기만 하면 되었던 것이다.

하는 수 없이 팀장의 뜻대로 구성원들의 의견을 묻기로 했다. 설문을 작성하고 사원, 대리, 과장 직위별 10명을 선정하여 인터뷰도 실시하였다. 다들 반응은 "그냥 인사팀에서 하면 되지 귀찮게 왜 이런 걸 하냐."라는 식이었다. 설문과 인터뷰 결과를 정리하여 팀장에게 제출하면서 당초 계획과 동일하다고 하였다. 팀장은 알았다고 하면서도 지금까지 해온 평가면담과 관련해서 구성원 의견을 묻고 승진자 교육에서 나아가 채용 프로세스까지도 의견을 물으라고 한다.

홍서진 과장은 매일 야근을 한다. 이전 같으면 1시간이면 끝
낼 일을 구성원 의견을 묻기 위해 대상자 선정, 실시 및 정리로
통상 2일 정도의 시간이 소요된다. 피곤함이 더해 갈수록 팀장
에 대한 홍 과장의 불만은 갈수록 커져갔다.

어느 날 팀장은 홍 과장에게 구내식당 식단에 대해 영양사와
구성원의 의견을 듣고 개선책을 내라는 지시를 내렸다. 식당에
서는 만족도 조사를 매일 실시하고 있었다. 영양사에게 한 달 만
족도 조사 결과를 가져다 달라고 하고, 이를 팀장에게 보고했더
니 직접 조사하라고 한다. "팀장님, 매일 체크하는 것입니다. 굳
이 직접 설문과 인터뷰를 할 필요가 있습니까?" 홍 과장의 불만
섞인 말에 "우리 회사는 고객의 니즈를 파악하지 않습니다. 모두
가 책상에 앉아 일을 하지요. 구성원은 A를 원하는데 담당자는
B를 제시합니다. 우리는 구성원이 진정 원하는 것을 지원하는
부서입니다."라고 한다.

오래된 제조업을 하는 회사일수록 고객이나 구성원의 의견을
묻지 않는다. 지금까지 해 온 대로만 하면 된다는 사고방식이 만
연해 있다. 생산부서의 직원은 만들기만 하면 된다고 한다. 영업
을 하는 직원도 만들기만 하면 팔린다는 사고에 젖어 있다. 지금
까지 경쟁 없는 경영을 한 결과이다. 사무부서에서 근무하는 직

원들은 더하다. 고객이 전부 내부 직원이다 보니 그들의 생각과 원하는 것을 다 알고 있다는 생각으로 일 처리를 한다.

　이런 식으로는 새로운 경쟁회사가 나타나면 한 순간에 경쟁력을 잃을 수 있다. 인사팀도 내부 구성원의 고객평가를 받아야 한다. 내부 평가를 감안하여 구성원들의 의견을 묻고 그들이 진정 원하는 지원을 해주며, 그들의 경쟁력과 가치를 높여줘야 한다. '내가 최고'라는 자만심으로 구성원과 동떨어진 정책이나 제도를 입안해서는 곤란하다. 고객이 원하는 것을 항상 파악하여 우선적으로 반영해야 한다. 회사는 고객평가를 실시해야 한다. 고객의 점수를 조직과 개인에게 연계해야 한다. 간접부서도 역시 내부 고객개념을 반영해야 한다. 고객을 위한다는 생각 없이는 회사는 성장할 수 없다.

가만히 있어도
이익이 나는데

김 사장은 하루하루 마음이 타들어간다. 작년부터 경쟁사가
공격적인 마케팅을 통해 지역 확대를 꾀하고 신사업으로의 도
약을 선언하고 나섰다. 도시가스 사업은 사업의 특성상 지역 단
위로 영업권이 형성되어 있고 제품의 가격을 정부에서 결정하기
때문에 연말 이익이 보장되는 사업이다. 그런데 3년 전에 CEO
로 임명 받아 현장에 가서 보니, 자기계발은 고사하고 경쟁이라
고는 찾아보기 힘든 상황이었다. 직원들은 가만히 있어도 이익
이 나는데 더 뛰어봤자 무슨 소용이 있느냐는 태도였다. 새로운
경쟁자도 출현했다. 지금까지 전력은 경쟁자가 아니었으나 전력
회사가 안정성을 강조하며 사업을 확대해 나갔다. 변화가 필요
했다.

우리는 월급쟁이랍니다

인원 한 명을 늘리기 위해서는 정부의 승인을 얻어야 하는 회사의 특성상 퇴사가 없으면 인원의 증감이 없다. 일단 입사하면 정년이 보장된 구조에 급여가 제때 나가지 않은 적도 없다. 머리 아프게 별도의 도전적 기획을 할 필요도 없고 그저 안전을 최우선으로 주어진 지역 내 안정적인 공급만 해주면 되었다. 그러다 보니 제품의 생산만이 중요해졌다. 조직 내에서는 주어진 양을 최대한 안전하게 생산하여 공급하기만 하면 된다는 생각이 지배적이었다.

임직원의 계발만이 살 길이다

김 사장이 부임하여 가장 먼저 한 일은 교육이었다. 자신의 변화가 일어나지 않고는 조직이나 회사의 지속적 성장을 이끌어갈 수 없었다. 성장이 없는 삶이 얼마나 무의미한가를 스스로 인식하도록 하였다. 승진제도도 대폭 개선했다. 안전기술사 자격이 없으면 승진에서 제외하였다. 간접부서 직원에게도 동일하게 적용했다. 전문가 제도를 통해 직무를 분류하고 직무별 수준을 나누어 각자가 어느 단계에 있는가를 알도록 했고, 1년간 수준향상계획을 세우도록 했다. 최고 전문가는 매뉴얼을 만들고 부서별 교육을 통해 수준향상을 꾀하도록 했다. 외부 기관의 교육을 권장했고 월별 팀 교육실적을 공유토록 했다. 기회가 될 때마다

"이 회사는 나의 회사가 아니고 여러분의 회사"임을 강조했다.

변화의 물결, 그러나 그 후는

회사의 변화 이후 사원들의 모임인 주니어보드에서 긴급 경영 제언이 있었다.

첫째, 특수기획팀을 만들어 미래수종사업을 개발하자는 내용이었다. 과장 이하의 직원 중에 가장 뛰어난 5명을 선발하여 2년 동안 신사업을 만들어야 우리 회사가 살 수 있다고 한다.

둘째, 기존 사업권의 확대이다. 현재의 사업권에서 타지방으로의 사업권을 확대하여 장차 완전 경쟁시대에 대한 대비를 해야 한다는 내용이었다.

셋째, 기존 고객에 대한 만족도 제고 활동이다. 새로운 경쟁자들과 차별되는 서비스를 통해 기존 고객들의 만족도를 높여 안정적 수익기반을 유지해 가자는 내용이었다.

그러나 이 발표를 들은 직원들은 반응이 없었다. 가만히 있어도 이익이 나는데 굳이 그렇게 해서 정부에 잘못 보일 일이 있냐며, 여전히 내가 근무하는 동안은 회사가 존재하니 먹고사는데 문제없다는 생각만 한다.

유연하라니,
공장 폭발하면 누가 책임지나요?

서 차장은 회사의 구성원들에게 회사의 조직 가치를 전파하는 역할을 담당하고 있다.

근래 들어 회사는 열린 커뮤니케이션의 중요성을 인식하여 구성원들이 좀 더 활발하고 다양한 아이디어를 제출하기를 희망했다. 이에 서 차장은 유연한 사고와 행동을 강조하는 4시간짜리 교육과정을 개발했다. '왜 열린 사고가 필요한가?' '어떻게 열린 사고와 행동을 할 것인가?' '나는 노력하고 있는가?'라는 소주제를 정해 선진기업의 성공사례를 중심으로 강의식보다는 토론식 교육 과정을 계획했다. 그리고 계획뿐 아니라 직접 강의를 담당하며 과장들을 대상으로 교육을 진행하였다.

서 차장이 기업의 수명이 급격하게 하락하는 가운데. 성장하는 회사와 쇠퇴하는 회사의 사례연구를 마치고 왜 우리에게 열린 사고가 필요한가를 설명할 때였다. 생산공장에서 참여한 교육생 중 한 명이 "유연하면 공장은 폭발한다. 공장이 폭발하면 누가 책임지냐? 공장은 유연할 수 없는 조직이다."라고 목소리를 높였다. 주어진 기준에 따라 시키는 대로 하기만 하면 된다고 한다. 담당자가 융통성을 보이면 원칙과 기준이 무너지며 공장은 위험해질 수 있다고 한다.

유연하게 생각하면 실행하지 않는 회사?

영업을 담당하는 한 과장도 "우리 회사는 연속공정이기 때문에 누구 한 사람이 잘한다고 다 잘하는 것이 아니다. 처음 공정부터 마지막 공정까지 일사분란하게 움직여야 하는데, 누군가 기존과 다른 새로운 방법을 사용하면 전체에 영향을 주게 된다. 그것이 부분의 이익은 될 수 있어도 전체적으로 보면 큰 손해가 될 수 있다."라며 동조한다. 외환을 담당하는 이 과장도 환율의 변동폭이 크기 때문에 자금운용의 측면도 안정적 투자를 한다고 한다. 도전적 투자를 하다가 자칫 잘못하면 큰 손실을 보게 되고 이를 책임져야 하는데 그럴 수 있겠냐고 한다.

다른 직원들도 지금까지 해오던 방식이 최적이고 새로운 방식은 생각할 필요도 없다는 의식이 강하다.

사라져가는 개선 활동들

회사의 구성원이 조직 개선을 제안하는 건수는 1년에 2건을 넘지 않는다. 심지어 많은 구성원들이 입사하여 단 한 건도 제안하지 않았다고 이야기한다. 아니, 어디에 제안을 하는지 모른다고 한다. 제안을 해도 자신에게 돌아오는 이익은 없으니 쓸데없는 행동은 하지 말라고 한다.

주어진 업무에 대해 자신만의 새로운 방법을 찾는 대신 지난번 어떻게 했는가 하는 서류를 찾는다. 새로운 업무가 주어지면 몹시 당황하며 전 담당자를 찾아간다. 특별한 대안이 없으면 조금도 고민하지 않고 조직장에게 어떻게 하냐고 묻는다. 밤을 지새우며 뭔가 해결책을 찾으려는 열정은 없다. 조금이라도 힘든 일은 전부 외부 업체에 요청한다. 어느 순간 회사 내에 개선활동은 사라졌다.

서 차장은 현실을 이야기한다. 회사의 유연지도를 보이며 얼마나 닫혀있는가를 설명한다. 유연하기 위해 노력하는 선진 기업들의 사례와 경쟁사의 활동들을 제시한다. 토론을 통해 이런 식으로 가면 회사는 위험해질 수 있다는 점을 강조한다. 그들은 과장인 내가 뭘 할 수 있냐고 하면서, 한 명씩 한 명씩 회사를 위한 제언에 억지로 아이디어를 적는다.

나는 하고 싶지만 본사에서 막아요

시스템 경영이 도입되었다. 지금까지는 영업사원에게 제품 가격에 대한 어느 정도의 결정권이 있었고 제품 수량을 조정할 수가 있었다. 그러나 시스템 경영에 의해 가격은 본사에서 일방적으로 정해져 통보되었고 제품의 수량도 각 거래처에서 전산으로 주문하면 배달되도록 바뀌었다. 명확한 목표와 원칙을 가지고 일관되게 추진하겠다는 본사의 판단과 의지로 전 사업장에 동시에 시행되었다. 영업담당자의 역할도 바뀌었다. 제품을 파는 사람이 아닌 자신이 담당하는 거래처의 데이터를 중심으로 보다 효율적인 방안을 제안해주는 컨설턴트가 되어야 했다. 이를 위해 부족한 지식은 본사에서 매뉴얼을 작성하여 1박 2일 동안 교육을 해 주었다.

사장님, 저에게는 권한이 없습니다

A거래처의 김 사장은 60이 넘은 성격이 괄괄한 분이시다. 30년 넘게 이 사업을 하셨고, 방문을 하면 항상 소주 한잔하고 가라는 말을 할 정도로 정도 많으시다.

본사의 시스템이 바뀌면서 이제 거래처의 재고현황을 정확하게 파악하기 위해 해당 거래처의 PC로 주문하라는 지시가 내려왔다. 이제는 직접 찾아가 주문을 받을 수도 없게 되었다. 그러나 김 사장은 모든 제품을 전산으로 처리하시기가 어려워 영업담당자에게 전화로 주문하신다. 그때마다 여러 번 말씀드렸지만 컴맹이라고 하시며 컴퓨터를 접하려고 하지 않는다. 30년 넘게 이 사업을 했는데 이제 시스템이 바뀌었다고 접고 싶어도 정이 들어 접을 수도 없다고 한다.

누구를 위한 영업이며, 영업사원인가?

갈수록 경쟁업체의 공세가 강해지며 가격경쟁도 치열하다. 5년 전만해도 8% 수준의 이익이 있었는데 지금은 4%도 어렵다고 한다. 이자비용도 안 된다고 아우성이다. 지금과 같은 상황에서는 거래처 한두 곳이 경쟁업체 제품을 받으면 매출과 이익에 적지 않은 타격을 주게 된다. 이런 상황에서 본사는 지속적으로 효율화를 강조하며 모든 것을 시스템화 하려 한다. 영업사원이 발이 아프게 거래처를 찾아다니며 애로사항을 듣고 정을 나누는 것은 옛이야기가 되어 간다. 주문이 없으면 전화를 걸어 확인한다. 거래처 사장님은 얼굴 좀 보고 싶다고 한다. 찾아뵙고 소주 한잔 얻어먹고 싶어도 쉽지 않다. 내가 영업사원인가 고민하게 된다.

  실행하지 않는 기업의 구성원에게는 자부심과 활력을 찾아볼 수 없다. 구성원들은 본사의 눈치만 본다. 본사는 현장의 애로사항을 지원해 주는 역할을 해야 하는데 현장 위에 군림하는 조직이 되어 있다. 현장이나 거래처를 찾아가 고개 숙이는 것이 아닌 책상에 앉아 전산을 통해 통제한다. 효율이 강조되며 철저한 합리성이 원칙으로 자리 잡는다. 창업자가 사업을 일으킬 때의 순수성과 열정은 이미 회사 어디에서도 찾아볼 수 없다.

일련생산이라고요

평가 때만 되면 홍서영 과장은 답답한 마음을 금할 길이 없다. 하나의 제품이 나오기까지 원료부터 시작하여 여러 공정을 거쳐야 하는 제조업의 특성상, 어느 한 공정이 잘했다고 성과가 창출되는 것은 아니다. 하지만 한 공정만 멈춰도 전 공정이 멈추게 된다. 그래서 모두가 협력하여 전후 공정을 살피는 공동체 의식이 현장에는 크게 자리 잡고 있다. 덕분에 구성원들의 평가에 대한 불만이 높다. 똑같이 일했는데 누구는 A고 누구는 B냐며 평가의 기준에 대해 설명을 요구한다.

우리는 다 똑똑하고 다 열심히 일하고 있다

일련생산 제조업에 종사하는 구성원들의 의식은 다 열심히 하니, 다 똑같이 급여를 받아야 한다고 생각한다. 하지만 회사에 대한 로열티royalty가 높은 사람과 낮은 사람이 있다. 일에 몰입하여 열정적으로 임하는 사람이 있고 그렇지 않은 사람이 있다. 직업을 천직으로 아는 사람이 있고 생존의 수단으로 생각하는 사람이 있다. 일에 임하는 마음가짐이 다르다 보니 생산성의 차이가 있다. 누구나 다 똑같이 처우한다면 결국은 무임승차하는 사람이 나타나게 된다. 더 무서운 것은 이러한 현상이 전염되어 생산성이 뚝 떨어지게 된다는 것이다.

평가만의 문제가 아니다

누군가는 한 단계 높은 직위로 승진을 하고 직책 승진을 통해 조직장이 되어야 한다. 입사부터 공평의 사고가 짙어 평가를 실시하지 않다 보니 보상도 연공서열식이었다. 지금까지는 승진과 관련해서 조직장에 따라 그 기준이 달라졌다. A조직장이 있을 때는 홍길동 사원이 승승장구했고, B조직장이 맡게 되자 홍길동 사원은 저성과자가 되어 버렸다. 전임 조직장의 사람이라는 인식이 강해서인지 모르지만 중요한 일은 맡기지 않는다. 자연스럽게 승진도 '끼리끼리 문화' 또는 '줄 문화'가 좌우한다. 조직장도 마찬가지다. 업무를 통한 조직 개선을 하기가 어렵고 특별하게 띌 수 있는 상황이 안 되다 보니 자연스럽게 상사와의 관계가 중시된다.

이 관계마저도 일렬생산처럼 줄을 형성한다. 내 생산라인이 아니면 아무도 관심을 갖질 않는다. 이러다 보니 구성원 사이에 승진하려면 줄을 잘 잡아야 한다는 인식이 강하다. 더 심각한 것은 "일을 통한 성과보다도 내부 영향력 있는 사람과의 관계 정립이 더 중요하기 때문에 아무리 일이 바빠도 술자리는 빠지지 않는다."고 한다.

모든 길은
CEO에게 통한다

경영층이 모여 회사의 비전 달성 방안을 위한 회의를 한다. 이 회사는 3년 후까지 현재의 매출을 2배로 늘리자는 과감한 비전을 발표했다. 회사의 사업은 외부 여건의 변화가 없는 한 매출이 크게 변동되지 않는 특성이 있었다. 사실 이 발표는 CEO가 신년사에서 처음 언급했다. 많은 사람들이 신년이니까 뭔가 새로운 각오를 정하자는 사례 수준으로 생각했다. 그런데 1개월이 지나도 특별한 추진이 이루어지지 않자 CEO가 긴급 회의를 소집한 것이다.

CEO인 회장 옆으로 각 사업부장들이 앉아 침묵을 지킨다. 아무도 먼저 3년 후 매출 2배를 달성하기 위한 방안을 제시하지 못한다. 회장은 격한 음성으로 "내가 3년 후 매출 2배를 늘리자고 신년사에서 그렇게 강조했으면 뭔가 움직임이 있어야 되는데 지금 뭘 하고 있느냐."며 호통이다. 사업부장들의 머리는 더욱 책상을 향해 숙여지고 그 누구도 안을 내지 못한다. 잠시의 침묵이 또 흐르고 회장이 안을 작성한 사업부장이 있느냐고 묻는다. 아무도 없다. 회장만 바라보는 해바라기가 된 느낌이다. 2주의 여유를 주며 각 사업부장이 전 임직원 앞에서 발표하는 것을 정하고 회의를 마친다.

회장이 없으면 아무 것도 되지 않는다

2주의 시간이 흘렀다. 각 사업부장의 발표가 이어진다. 모두가 3년 후까지 얼마를 투자하여 매출을 3배 늘리겠다고 한다. 투자해야 할 금액을 보니 지금 투자하고 있는 금액의 10배가 넘는다. 자금운영 계획에 대해 고민한 흔적이 없다. 서로 자신의 계획만 살폈지 타 사업부와의 연계성을 고려한 바가 없다. 답답함이 밀려온다. 수석 사장에게 회의진행을 부탁하고 잠시 자리에서 일어나 건물 밖으로 나왔다. 20여 분 후에 자리에 돌아오니 진행된 것이 하나도 없었다. 아니 발표도 이루어지지 않았다. 의사 결정자가 없으면 발표를 해도 소용없다고 생각한 것이다.

왜 머리를 맞대고 협조하지 않는가?

내 것은 내가 지킨다는 생각이 강하다. 왜 나의 사업 영역에 들어와 이것저것 간섭하느냐는 불만이 높다. 나 역시 너의 사업 영역에 대해 이야기하지 않는다는 보이지 않는 선이 있다. 회의의 장에서는 사업부장이 아닌 회사의 최고 경영층으로 토론에 임해야 하건만, 자신의 영역만을 생각하는 사업부장의 한계를 넘어서지 못한다. 의사결정은 회장이 한다고 생각한다. 나는 회장을 보좌하는 사람이지 내가 회장을 보완하며 사업을 이끄는 사람이라는 생각이 적다. 항상 모든 일을 통합적 관점에서 판단하여 미래지향적으로 결정하는 사람은 회장이다. 회장의 하루는 바쁠 수밖에 없다.

성과는 설비가 결정하지
사람이 아니다

A공장을 컨설팅할 때의 일이다. 매출이 1조 가까이 되는 이 회사의 인원은 500명 수준이었다. 인당 매출이 매우 높은 이유는 장치산업이 가지고 있는 특성 때문이었다. 구성원의 대부분은 생산직이었고 '회사를 먹여 살리는 것은 우리'라는 자부심이 매우 높았다.

그런데 1:1 면담을 추진하면서 특이한 현상을 발견했다. 이들은 자기계발을 하지 않는다. 다른 회사를 보면 퇴근 후 어학공부를 하거나 자신의 가치와 전문성을 높이기 위해 많은 시간을 투자한다. 늦게 퇴근하더라도 일을 배우거나 휴일에도 집에서 쉬기보다는 뭔가 노력을 한다. 그러나 이 회사는 주말에는 주위 산이나 바다로 여행을 간다. 구성원 대부분의 골프 실력이 대단하다. 신입사원들도 제일 먼저 구입하는 것이 차량이다.

회사 이익의 80%는 설비 경쟁력이다

왜 자기계발을 하지 않느냐고 물었더니 입사하여 설비를 운용하는 기술은 2~3년만 배우면 더 이상 배울 것이 없다고 한다. 중요한 것은 기계가 잘 돌아가는 것이고 특수 상황에 안전을 유지하기만 하면 된다고 한다. 이익의 80%는 시설에서 창출되기 때문에 이익을 더 내고 싶으면 시설 확장만 하면 된다고 한다. 그래서인지 이 회사 CEO는 기술과 전혀 관계없는 경영자가 임명된다. 이익의 80%가 시설에서 창출된다면 나머지 20%는 사람에 의해 창출되는 것 아니냐고 물었다. 그랬더니 20%는 외부변수란다. 환율이나 제품원가 또는 제품가격의 변동이 영향을 준다고 한다. 시설을 운용하는 가장 중요한 핵심요인과 외부 변수를 관리하는 핵심 요인, 모두 사람이다. 결국 사람에 의해 좌우되건만 그들은 시설이 가장 중요하다고 한다.

더 이상 배울 것이 없다는 생각이 발전을 가로 막는다

그들은 '나는 설비를 돌리면 되고 사고만 일어나지 않으면 된다.'는 생각을 한다. 만약 설비가 고장 나면 공무부서에 연락하여 고치게 한다. 자신들이 직접 고치려 하지 않는다. 자신들이 하는 일은 설비의 운용이지 수선이 아니라고 한다. 운용하다가 설비가 멈추면 멈춘 이유가 궁금하지도 않은지, 자신이 다루는 기계를 자신이 가장 잘 알지 않느냐고 물었다. 그러자 선배들에게 기계에 대해선 배우지 않았고 운영 매뉴얼에 있는 조작법만 배웠다고 한다. 심지어 만약 자신이 설비를 고친다면 공무부서는 뭘 하느냐고 반문한다. 현장에서 일어나는 일을 현장에서 즉결 처리한다면 회사의 이익은 큰 폭으로 상승할 것이다. 설비 운용 단계와 더불어 고장 조치 스킬과 경험까지 쌓는다면 그 분야의 전문가가 될 수 있으련만 그들은 내가 왜 더 배워야 하냐고 생각한다.

설비가 아닌 사람에 대한 엉뚱한 투자

심지어 사람에 대한 투자가 엉뚱한 방향으로 쓰이고 있었다. 구성원들의 스킬과 경험을 높여 본인의 가치, 생산성 나아가 성과를 올리는 것이 좋은 회사이다. 그러나 이 회사는 저녁 회식이나 야유회 등으로 경비를 사용한다. 먹고 마시는 것이 구성원 간의 정을 돈독하게 한다고 생각한다.

방향을 잃은
경영층의
리더십

멍부형
CEO

정 대리가 되어 버린
사장

정 사장은 부사장으로 있다가 CEO로 임명되었다. 부사장 시절 그는 꼼꼼하고 세심하기로 유명했다. 시간 관리도 철저했고 업무에 있어서 빈틈이 전혀 없었다. 마감은 물론이고 서류에 오탈자 하나라도 있으면 열정 문제라며 담당자로서 가져야 할 혼에 대해 강조했다. 전임 사장이 갑작스러운 일로 불명예 퇴임을 하게 되자 이사회에서는 정 부사장을 사장으로 임명하였다.

사장이 되어 제일 먼저 한 일은 M-DAY**Man day** 관리체제였다. 매주 금요일에는 그 주 5일 동안 어떤 실적을 냈고 다음주 5일 동안 무엇을 할 것인가를 전부 적어 내도록 했다. 실적과 계획은 프로젝트 중심으로 작성하며 프로젝트가 없는 경우에는 적을 수 없도록 했다. 프로젝트는 시작 전에 몇 M-day가 필요하며 누구랑 할 것인가 제안하고 심사를 하였다. 프로젝트가 끝나면 보고서와 함께 몇 M-day가 소요되었나 평가했다.

구성원의 M-day는 직위에 따라 금액이 다르게 책정되었다. 대리 이하는 1M-day 당 150만 원, 과장은 200만 원, 차장 이상은 250만 원이었다. 예를 들어 채용 프로세스 개선 프로젝트를 40M-day 동안 과장 1명, 대리 1명이 각 20M-day로 수행한다면, 이 프로젝트의 가치는 7천만 원이다. 이 금액과 프로젝트의 질 그리고 기간을 가지고 평가를 한다.

하나하나 모든 프로젝트를 꼼꼼히 따지기 때문에 금요일 5시까지 전 구성원이 M-day를 입력해야 한다. M-day 담당자는 매주 토요일에도 출근하여 보고서를 작성한다. 보고서 또는 M-day 입력이 안 되어 있으면 불호령을 각오해야 한다. 그리고 매주 월요일 과장 이상을 불러 모아 회의를 진행한다. 프로젝트별 진행 상황 중 마감되지 않은 프로젝트와 프로젝트가 없거나 성과가 낮은 담당자는 이 회의에서 많은 질책을 받게 된다. 어느 경우에는 인간적으로 심한 이야기가 오가다 보니 구성원들에게 월요일 회의는 긴장의 연속이었다.

구성원 전원이 이 제도에 대해 불만이 있지만 그 누구도 말하지 않는다. 그 사이에 정 사장의 구성원 개개인에 대한 M-day 관리는 더욱 철저히 추진되었다.

사장님, 사장님은 담당자가 아닙니다

일의 성과는 구성원의 자발적인 참여, 열정과 즐거움 그리고 도전과 성취감에서 더 크게 창출될 수도 있다. 그런데 CEO가 철저하게 업무를 챙기다 보니 그 밑의 임원들은 업무의 방향과 큰 그림을 그려주기보다는 구성원들이 잘못한 건 없는가 오탈자나 살피는 역할을 수행하게 된다. 무슨 일이 자신의 역할인가 하는 생각할 겨를이 없다. 오직 CEO에게 지적 받지 않아야 한다는 생각만 있다.

전결규정이
왜 필요해

1년 가까이 시간을 두고 회사의 전결규정을 정비하였다. 지금까지의 전결규정은 5년 전에 작성되어 수정이 불가피하다는 인사팀의 제안에 따라 전 조직의 전결규정을 개정하게 되었다. 이전의 자료를 해당 부서에 배포하고 전결 사항과 전결권자를 조정하고, 불필요한 전결규정은 삭제하고 새로운 규정은 포함시켰다. 매 경영위원회에서는 각 조직의 전결규정 변경사항을 놓고 최종 의사결정을 하였다.

규정이 있는데 왜 보고해야 하나요?

이 과장은 팀장의 결정을 이해할 수가 없었다. 팀장의 예산 전결권은 1,000만 원이었다. 새로 사무용 PC를 구입하기 위해 소요되는 예산은 750만 원이고 이는 팀 예산에 반영되어 있는 사항이었다. 이 과장은 품의서에 팀장 전결로 하고 PC 구입을 요청하였다. 팀장은 최종 의사결정자를 상무로 하고 회계팀의 합의를 받으라고 반려했다. "팀장님, 전결규정에는 팀장님 전결사항인데 왜 상무님까지 가야 합니까? 연초 경영예산이 승인된 상황입니다. 회계팀에 합의 받을 필요가 없습니다."라고 이야기했지만 시키는 대로 하라고 한다.

팀장만이 아니었다. 임원들도 정 사장에게 사소한 보고까지 전부 다 이야기한다. 간혹 전결사항을 보고하지 않고 실행했다가 "네가 무슨 권한이 있다고."라는 한마디에 속수무책으로 질책 받은 여러 임원들을 봐왔기 때문이다.

나는 중요업무만 보고받는다

경영설명회를 마치고 임직원과의 허물없는 질군의 시간이 있었다. 통상 질문하는 직원이 없어 질문 없이 끝나곤 했다. 이 날도 질문을 기대하지 않고 사무실로 돌아갈 생각이었다. 정 사장의 경영현황 설명이 끝나고 "질문이 있냐?"라는 갈에 이 과장은 "대표이사님. 임원들과 팀장들이 사소한 보고까지 전부 대표이사님께 올리다 보니 의사결정이 늦어지는 것 같습니다. 전결규정에 의거, 권한과 책임을 강화해 나가는 업무처리에 대해 어떻게 생각하십니까?"라고 질문했다.

순간 좌중이 술렁거렸다. 도발적인 질문이었다. 그러자 정 사장은 "나는 임원들에게 중요한 사안에 대해서만 보고받고 대부분은 각자 책임감 있게 처리되고 있다."라고 대답하였다. 하지만 다음날 이 과장은 채용 면접관 선정 안을 들고 정 사장의 사무실 앞에서 앞 사람의 보고가 끝나길 기다리고 있다.

조직장은 소신이 있어야 한다

일이 잘못되면 실패를 감추려 하지 말고 소신 있게 자신이 책임지는 문화가 정착되어야 한다. 실패가 용인이 되지 않는 문화에서는 전결규정이 무의미하다. 실패를 보고하면서도 내 책임은 없다는 생각을 한다. 자신이 의사결정을 하지 않았기 때문이다. 혹여 잘못을 지적받게 된다 하더라도 이미 보고 드린 사안이며 상황이 진전되었기 때문에 어쩔 수 없다고 한다. 아무도 책임지려 하지 않는다. 모든 일의 최종 결정은 대표이사이다.

본부 간 조율은
내가 하면 되잖아

사업별 핵심인재를 선정하라는 지시가 떨어졌다. 사업부의 10년 후 바람직한 모습을 상정하고, 현재의 사업구조와 10년 후의 사업구조를 분석하여 꼭 필요한 인재가 누구이며 어떻게 육성해 나갈 것인가 보고하라는 내용이다.

오 부장은 5명의 사업부장에게 메모를 보냈다. 첫째, 10년 후의 바람직한 모습을 정량적으로 표현할 것. 둘째, 사업구조의 변화 모습을 제시할 것. 셋째, 꼭 필요한 핵심직무를 규명할 것. 넷째, 핵심직무를 수행할 핵심인재의 수와 확보계획을 명시할 것. 이 4가지 사항에 대해 대표이사에게 직접 보고하는 특별 경영위원회를 실시하니 언제까지 자료를 제출하라는 내용이었다.

첫 위원회에서의 발표는 내용은 화려했지만 핵심인재에 대한 정의와 기준이 사업부마다 달라 조율이 어려웠다. 새롭게 기준을 정한 두 번째 위원회에서도 본부 간 조율이 되지 않아 유사한 직무임에도 동시다발적으로 핵심인재를 선정하였다. 오 부장이 이 부분을 지적하자 "그것은 내가 할 일이다. 그냥 추진해."라는 대표이사의 질책이 있었다. 아니 어떻게 그것을 조정한단 말인가? 다 모여 있는 상태에서도 어려운데. 선정되지 않은 사업부는 그 직무를 하지 말라는 이야기인가? 다음 위원회는 결국 열리지 못했다.

사업부장은 자신의 영역만 알면 된다

비전이 수립되었다. 비전은 '2020년까지 세계 최고의 이익을 창출하는 회사가 되자'이다. 이를 위해 각 사업부에서는 계획을 수립하라고 한다. 영업을 담당하는 김 사업부장은 세계 최고의 이익을 내기 위해서는 시설경쟁력이 우선되어야 한다 생각했다. 생산 판매회의 때 이 부분에 대해 집중적으로 이야기를 했다.

세계 판매 동향을 설명하고 현재 5% 수준의 수출력을 10년 후 30% 수준으로 가져가기 위해서는 해외판매 역량을 키워야 한다며 연차별 로드맵을 통해 제시하였다. 이를 위해 가장 시급한 것은 생산설비 투자이며 설비 투자계획의 시급성을 강조했다. 발표가 끝나자 CEO는 "영업사업부장은 자신의 사업영역에 대해서만 이야기하라."는 짧은 피드백을 한다.

조직 Silo 현상에 파묻히다

오후 5시 반, 생산라인에 문제가 발생하였다. 공무팀에서 현장을 점검하니 족히 3시간 이상 소요될 일이었다. 야근이 불가피한 상황이었지만 웬일인지 내일 한다고 한다. 야근수당을 줄이라는 회사의 방침이 있었던 탓에 현장의 일로 공무팀의 야근수당이 올라가 말을 듣는 것을 꺼려한 것이다. 문제 해결에 대한 조직장 간의 조율이 없었다. 라인이 Stop되어 하루 동안 회사가 손해를 입은 것은 야근 수당의 몇 백배 이상이었다. 내 부서의 이익이 우선이라는 생각이 만연되어 있어 조직 간의 갈등은 더욱 심해지는데 조정은 없다.

나의 생사여탈권을
누가 쥐고 있는데

오직 한 사람에게만 충성한다

기업의 사장이면 사장으로서의 역할이 있다. 우선 회사의 내일을 생각하여 미래지향적이며 거시적인 관점에서 사업을 볼 수 있어야 한다. 의사결정은 통합적이며 전략적이 되어야 하며 회사 내의 변화를 제시하고 이끌어야 한다. 회사와 구성원의 가치를 높이기 위해 솔선하는 마음가짐을 가져야 한다.

그런데 A전자의 임 사장님은 오직 한 사람만을 생각한다. 오너의 취향에 따라 이리저리 방향을 바꾸며 뭐만 지시하면 무조건 "예, 알았습니다."라고 한다. 문제점이나 불가능이란 있을 수 없다.

나를 따르라

임 사장은 매사가 "하라면 하라는 대로 해."이다. 토를 다는 것을 극도로 싫어한다. 당연히 회의 시에 반대의견이 없다. 모두 다 펜을 들고 지시사항을 받아 적기에 급급하다. 업무를 추진하면서 시시콜콜한 지적을 다 한다. 하나라도 잘못되면 큰일이다. 어느 순간 대표이사 말만 따르는 임직원으로 거듭났다. 일단 지시가 내려지면 열과 성을 다해 최선을 다할 준비가 되어 있어야 한다. 여기에 불씨를 당기는 "나를 따르라."가 되어야지 아무 일이나 "나를 따르라."고 하면 아래 직원들은 죽을 맛이 난다.

나의 생사여탈권은 오직 한 분입니다

임 사장의 성실함은 자타가 인정한다. 매일 5시에 일어나 6시면 출근해 있다. 오너가 무엇을 물어볼지 몰라 주머니에는 제품과 사람에 대한 데이터가 가득하다. 퇴근시간은 항상 야근이다. 그의 일정에는 주말이 없다. 월화수목금금금이다.

오너인 회장이 오면 모든 분위기가 달라진다. 회장의 옆에는 임 사장이 계속 싱글벙글거리며 따라다닌다. 어느 날 임 사장은 회장실에서 3시간 동안 회장의 질문에 대답했다고 한다. 이것이 그의 자랑거리로 회사에 회자된다. 임 사장은 항상 핸드폰을 갖고 다닌다. 언제 어느 순간이라도 빠르게 회장의 전화를 받기 위해 침대에서도 머리맡에 핸드폰을 두고 잔다. 두 아들과 딸의 결

혼까지는 회사에 있어야 하기에 가장 두려운 일이 퇴직이라고
하니 어쩌면 오너에게 헌신하는 것이 당연하긴 하다.

　임 사장에게는 오너밖에 없다. 다른 본부장이 뭐라 하든 신경
을 쓰지 않는다. 그러나 이러한 충성심이 진정 마음에서 우러나
는 충성이라면 안타깝지 않을 수 있다. 그저 개인적인 이익 앞
에 포장된 충성심이기 때문에 상황에 따라 너무나 빠르게 변한
다. 회사가 어려워지면 가장 먼저 자신의 이익을 좇아 행동한
다. 회사가 잘나갈 때에는 오너에게 간이라도 다 빼줄 듯이 행
동하지만 회사에 위기가 찾아오면 자신의 성과급을 챙기기에
급급하다.

질책만 있지
칭찬은 없다

회의장에서 울려 퍼지는 CEO의 음성에 비서인 양정희 씨는 녹차를 준비한다. 사장님의 음성이 커지면 회의는 통상 2시간 넘게 진행된다. 참석한 사람들은 마치 큰 죄인이 되는 양 고개를 숙이고 사장의 지시사항을 받아 적기만 한다. 질척이 계속 이어지다 보면 질책을 위한 질책이 되어 버린다. 실적이 떨어진 것은 잘못이지만 전부 내 탓이라 하기는 억울하다는 표정이 역력한데도 사장은 들으려고도 하지 않을 거란 판단에 그냥 시간이 지나길 기다린다.

잘못한 조직이 있으면 잘한 조직도 있기 마련이다. 수출 부문 전국 최우수상을 차지한 홍길동 지점장은 은근 사람들이 자신을 치켜 세워줄 것이라 기대했지만 칭찬은 하나도 없다. 지난 10개월이 넘는 동안, 이곳저곳을 돌아다니며 최고의 성과를 창출하기 위해 그토록 노력했건만 말 한마디 없다. 오직 질책만 이어질 뿐이다. 가만 보면 수출을 담당하는 담당자는 질책을 받고 내수를 담당하는 담당자는 묵묵히 자리를 지킨다. 조직 내에서는 승진을 위해 내수를 고집하는 젊은이들이 하나둘 늘어간다.

질책과 조언을 구분하지 못한다

김 사장은 지난 임원회의 때의 일을 돌아본다. 김장수 상무는 상무 중에 가장 연배도 높고 조직에 대한 충성심도 강해 이번 연말에 전무로 승진 시킬 생각을 하고 있었다. 인사이동 결정을 앞두고 인사부서의 권유에 따라 외부 교수를 초빙하여 임원들에 대한 다면평가를 실시해 보았다. 그랬더니 대부분의 임원들은 좋은 리더십 평가를 받았지만 김 상무만은 예외였다. 2명의 부장이 진술한 내용은 김 상무에게서 1년 동안 칭찬하는 말을 듣지 못하고 질책만 들었다고 한다.

회사는 정이 강조되는 오랜 전통을 가지고 있었다. 조직장 중에 팀의 고참을 질책하는 사람은 없었다. 하지만 김 상무는 후배들이 강하게 자신의 인생과 업무를 이끌어가길 원해 자신의 눈에 차지 않으면 어떻게든 야단을 치지만 잘한 직원에 대한 칭찬은 없다. 그리고는 부하들이 자신의 진심을 이해해 주길 원했다. 결국 부하평가 결과 30명 중에 30위가 되어 승진이 곤란한 상황이 되었다. 김 사장은 김 상무를 불러 "1년의 시간을 더 줄 테니 최대한 성과를 올리도록 해라."라고 이야기했다.

칭찬, 그거 안 해도 아는 것 아닙니까?

대부분의 CEO는 임원들과 함께 지낸 날들이 길다. 눈빛만 보면 안다고 한다. 이름을 불러가며 가깝다는 점을 강조한다. 업무를 지시하는 시간이 따로 정해져 있지 않다. 밤 1시라도 생각나면 전화한다. 개인적인 것과 회사 전반에 대한 것과의 구별 개념이 없다. 자신이 곧 회사이고, 회사가 곧 자신이라고 생각한다. 이들에게는 회사의 룰 같은 것이 없다. 있다면 자신이 갖고 있는 사람에 대한 막연한 믿음이다. 이들은 임원이 내 마음을 알아주겠지 한다. 칭찬은 낯 뜨거운 행동일 뿐이라 생각한다.

제발 마지막에
이야기해 주세요

전략실에 배치된 서 팀장의 업무는 경영위원회 운영이다. 매주 월요일, 사장님의 특별한 일정이 없으면 10시부터 경영위원회가 열린다. 경영위원회 안건은 각 본부별로 취합하여 2주 전에 사장에게 결재를 받는다. 서 팀장은 각 본부의 안건들 중에서 파급효과와 영향력 등의 중요성에 따라 우선순위를 정한다. 결정된 안건은 주로 팀장들이 발표를 하고 사장의 질문과 코멘트를 들은 후 발표를 마치게 된다.

안건의 대부분은 인사 이슈가 많이 차지하고 본부별 안건은 한 달에 한 건 수준이다. 본부의 안건에 대해서는 일종의 묵계가 있는 듯했다. 타 본부에서는 거의 질문이나 코멘트가 없다. 그러다 보니 발표를 마치면 질문이 있냐는 의례적 인사도 없다. 경영위원회의 운영을 개선하기 위해 서 차장은 3일 전 자료를 배포하고 전사全社 차원에서 실시여부를 검토하여 토론 중심으로 이끌어 주기를 당부했다.

그것을 말이라고 하는 거야?

3일 전 자료가 배포되었다. 회의 전에는 변경되는 승진제도의 변경과 관련된 안건에 대해 자신이 속한 본부 입장에서 득실을 따져 본부장들의 찬반이 갈렸다. 인원이 많은 조직은 주로 찬성하는 입장이었고 적은 조직은 반대의 입장이었다.

인사팀장은 승진제도에 대한 본부장들의 의견을 취합해 돌아온 경영위원회에서 발표했다. 연공서열을 폐지하고 철저하게 평가에 의해 승진을 결정하자는 제안이었다. 그러나 인사팀장의 발표가 끝나자마자 사장은 "그걸 말이라고 하느냐?"며 역정을 냈다. 세계 어느 기업이 이런 제도를 운영하느냐며 실시되고 있는 회사를 말해 보라고 한다. 성과가 있는 사람이 승진해야 한다며 원점에서 검토하라고 하고 본부장들에게 의견을 말해 보라고 한다. 아무도 이야기를 하지 않는다.

내년도 달력 제작도 사장님 마음에 달려있다

금번 경영위원회 안건은 달력 제작에 관해서이다. 구성원들은 회사 달력이 좀 더 품격이 높아지길 희망하고 있었다. 서 팀장은 이것은 홍보팀에서 알아서 하면 될 일이라 생각했다. 홍보팀장에게 말하니 역대 경영위원회에서 결정된 사안이라며 내년도 금년과 비슷한 자연을 주 테마로 한 사진이라고 했다.

경영위원회에서 홍보팀장은 전년과 유사한 테마로 몇 부, 금액은 얼마 수준으로 언제까지 하겠다는 발표를 마쳤다. 사장의 좋다는 한마디에 아무도 반응이 없다. 서 차장이 용기를 내어 구성원이나 고객의 만족도 조사는 해보았느냐고 물었다. 홍보팀장은 조사는 하지 않았지만 다 만족해한다고 한다. 창고에 전년과 올해 달력이 쌓여 있는데도 말이다.

사장님, 제발 마지막에 이야기해 주세요

매 안건마다 사장이 결론을 내다보니 본부장들은 참석자에 불과하다. 의사결정권이 없는 듯하다. 질문도 없다. 유능한 사람들이 무능의 극치를 보여준다. 사장이 A라고 하면 다 A가 옳다고 한다. 동일 안건에 대해 B라고 하면 다들 B라고 한다. 언제 A라고 했냐는 식이 된다. 서 팀장은 경영위원회의 발전을 위해 본부장의 토론 후에 사장님이 마지막 결론을 내주시길 제안했다. 이역시 정 사장의 좋다는 말에 모두가 찬성한다.

실패한 사람에게는
원인이 있다

영업의 조직문화는 '정을 기반으로 하는 하나됨'이었다. 조직 내에서는 '형, 아우'라는 호칭이 자연스럽게 사용되었다. 어떤 일이 생기면 가족과 같은 응집력으로 그 일들을 해결해 나갔다. 이러한 조직에 새로이 재무통이던 나 사장이 수장이 되었다.

나 사장은 현재와 같은 IT시대에 70년대의 정의 문화는 더 이상 맞지 않다며 시스템 경영을 강조했다. 모든 정보는 중앙에서 통제하고 현장은 수행을 강조하는 조직으로 만들어갔다. 가격 결정과 제품의 배송 등 모두 시스템에 의해 처리하게 됐다. 제품의 가격과 배송과 관련해 더 이상 영업사원이 대리점 사장을 만날 필요가 없었다. 대리점 사장이 PC로 입력하여 주문하면 자동으로 가격과 배송이 이루어져 영업사원의 역할은 대리점 영업

확대를 위한 컨설턴트의 기능을 수행하게 되었다.

현장의 문제는 하나라도 보고해라

나 사장은 매일 보고하는 시스템을 구축했다. 매일 10시 이전에 어제의 실적과 문제점 및 동향을 정리해 보고토록 하였다. 나 사장은 이 일일보고를 통해 현장의 이슈들을 파악하고 지시를 내렸다. 만약 하나라도 보고가 누락되었거나 지시가 이행되지 않을 때에는 불호령이 떨어졌다. 문제가 없으면 문제를 만들어 보고해야 했고 실적이 떨어지면 모든 지사장이 보는 가운데 창피를 당해야 했다. 현장의 조직장은 실적도 실적이지만 일일보고로 인해 엄청난 스트레스를 받아야 했다. 조직원들의 행동 하나하나가 보고의 대상이 되다 보니 어느 순간 회식을 하더라도 회사와 직무에 대한 이야기는 나오지 않았다.

우리는 스파이가 아닙니다

1년이라는 시간이 지났다. 직장 내에서의 형, 아우 문화는 어느 순간 사라지고 네 일, 내 일이 구분되며 자신의 일이 아니면 신경을 쓰지 않았다. 신뢰할 수 있는 사람 한두 명이 모여 회사에서 벗어나 소주 한잔하는 일은 있어도 다 같이 어울리는 일은 없었다. 더 이상의 동향이나 이슈가 없자 구성원 각자의 장단점에 대해 적어보라고 했다. 이를 통해 누가 어떤 생각을 가지고 있는가 살피기 위함이었다. 구성원 간에 술렁거림이 일어났고 누군가가 "우리는 더 이상 스파이가 아니다."라고 말했다. 나 사장은 누가 소리쳤는가 찾아내라고 한다.

실적만 좋으면 된다?

조직의 분위기에서 더 이상의 재미와 자율은 찾아볼 수 없다. 시키는 대로 하기만 하면 된다. 이상스러운 점은 실적이 작년에 비해 더 좋아졌다는 점이다. 나 사장은 자신의 경영방침과 제반 활동으로 성과가 창출되었다고 자랑했다. 조직 분위기가 어떻게 되든 성과만 좋으면 전부 아니냐고 이야기한다. 구성원들은 뜻을 모아 조합을 만들었다. 정이 없는 조직에서 벗어나 일할 맛나는 직장을 만들어보자는 구호와 함께. 나 사장이 전격 교체되었다. 떠나는 나 사장은 실적이 이렇게 좋은데 구성원들이 너무 옛 문화에 젖어 있어 자신은 희생양이라고 생각한다.

기다려 줄 시간이
어디 있어?

내일 아침까지 책상에 올려놔라

연말 팀장 인사가 이루어지고 있었다. 팀장 가운데는 임원이 되는 사람과 해임이 되는 사람이 있었다. 결정의 기준은 고과와 역량으로 본부장의 결정할 사항이었다. 각 본부장의 의견을 묻고 우수 팀장과 팀장 해임자를 결정해야 했다. 본부장들은 팀장 해임을 놓고 고민 중이었다. 사장은 이런 일을 하는데 왜 이리 시간이 많이 소요되느냐는 호통과 함께 우수 팀장과 팀장 해임자를 당장 선정하고 그 사유를 아침까지 보고하라고 지시했다.

한 사람의 인생이 걸린 문제입니다

우수 팀장은 선정과 그 사유에 문제가 없었다. 그러나 팀장 해임자는 해임되는 순간 팀원으로 생활해야 한다. 급여 및 복리후생의 축소뿐 아니라 자존심에 큰 영향을 미치게 된다. 때로는 사기가 떨어져 퇴사하는 경우도 발생한다. 한 사람의 인생이 바뀔 수 있는 중요한 이슈이다. 금번과 같이 밀어붙여 식으로 하다가는 내가 왜 해임되었는지? 향후 무엇을 해야 하는지? 개인적 납득이 되지 않은 상태에서 결정되게 된다. 오 차장은 사장실에 들어갔다. "사장님, 한 사람의 인생이 걸린 일을 그 사람에게 한마디 상의 없이 조치하시면 20년 간 회사에 대한 르열티와 자부심이 한순간에 사라집니다. 그들에게도 기회를 줘야 합니다. 한 명씩 만나 충분히 사유를 이야기하고 설명이 된 상태에서 의사결정이 되어야 합니다. 일주일만 시간을 더 부탁드립니다."

기다려 줄 필요가 없다

"그들이 이렇게 된 것은 스스로 이렇게 만든 것이다. 평소 그들이 뭔가 큰 목표를 가지고 노력했더라면 그들은 해임되지 않았을 것이다. 왜 내가 그들이 이해하도록 기다려야 하는가?" 한마디 한마디 옳은 말이지만 정이 느껴지지 않았다. 오 차장은 한 번 더 재고해 달라는 부탁을 드리지 못하고 사장실을 나왔다. 성과 하위 10%, 역량이 팀장으로 있기 어렵다고 븐부장이 판단한 사람을 기준으로 명단을 선정하고 보고서를 마무리했다. 작업을 하면서 오 차장의 머릿속에는 기다려 줄 필요가 없다는 사장의 이야기가 계속 맴돈다. 20년 이상을 함께 생활한 분들인데 이렇게 빠르게 결정을 내릴 사안인가? 이들이 향후 불만을 토로한다면, 이들이 단합하여 집단행동을 한다면 그것이 후배들에게 미칠 영향까지 생각한 것인가? 내일 다시 한 번 재고해 달라는 요청을 해야 하는 것 아닌가?

임원에게는 없는 필벌

아침부터 분위기가 뒤숭숭하다. 공장에 대형사고가 발생했다. 밤에 건설 작업을 하던 파견업체의 직원 2명이 안전수칙을 위반하고 일을 하다가 추락하여 1명은 사망했고, 1명은 크게 부상을 당해 입원하게 된 것이다. 당시 현장에는 작업을 지시하고 관리하는 사람이 없었다. 큰 공사가 아니었기 때문에 특별히 안전교육도 없었다고 한다. 현장은 안전인시安全人時에 다라 보상을 받는 시스템을 가지고 있었고, 마침 500만 인시를 달성하기 직전이었다.

책임론이 대두되었다. 왜 밤에 건설 작업을 시켰느냐, 현장에 감독자들은 뭐 했느냐, 꼭 해야만 하는 작업이었느냐, 검증받은 업체이며 파견 나온 사람들은 경험과 능력을 갖추고 있는 사람이냐, 누가 책임져야 하느냐, 사고 수습은 어디에서 할 것이냐,

지역 방송에 대한 조치는 누가 할 것이냐, 왜 안전교육을 안 했느냐 등등. 그 와중에 그들은 파견회사의 직원이기 때문에 우리들의 안전인시에는 아무 이상이 없다는 것이다. 세상에 사람이 현장에서 죽었는데 말이다.

결국 회사 차원의 징계위원회가 열렸다. 최종 결정은 현장 작업반장의 감봉으로 마무리되었다. 작업 내용이나 파견 회사 선정은 문제가 없으니 안전교육을 하지 않은 것에 대한 질책이 결론이었다. 결국 다치고 세상을 떠난 사람이 잘못한 일로 종결되었다. 결정과정에 지휘 책임은 하나도 없다. 현장 관리자, 그 위의 임원은 한 명도 언급되지 않았다.

회사의 문화는 모두 장시간에 걸쳐 형성되지는 않는다. 그러나 어느 충격적인 사건은 바로 구성원에게 각인되어 하나의 관습으로 자리 잡는다. 신화라든가 영웅문화가 바로 그런 것처럼 하나의 잘못된 사건은 그 파급효과가 더욱 크고 급속도로 구성원들의 인식 속에 자리 잡는다. 부정적 효과가 학습되는 것이다. 아니 더 강하게 전염된다. 이러한 인식은 바람직한 행동을 억제하고 부정을 더 강화시킨다.

이러한 부정적 행동의 근원은 단연 경영층이다. 경영층은 회사 내에 많은 특권을 누린다. 그 특권의 이유 중 하나가 책임감이지만 경영층은 특권만 챙기고 책임은 누군가에게 전가한다. 심지어 서로서로 그렇게 하는 것을 용인해 주는 경우까지 있다.

책임지는 사람이 필요하다

회사 내에서는 많은 문제들이 발생한다. 어떤 이유든 잘못된 일이 발생되었을 때 다 나의 잘못이라고 이야기하는 회사가 성장한다. 모두가 쉬쉬하고 아무도 책임지지 않는다면 그 회사의 미래는 암울할 수밖에 없다. 경영자부터 책임경영을 해야 한다. 사소한 일에 책임지라는 이야기가 아니다. 경영자가 나서야 할 상황이라면 그 직책이나 직위에 걸맞게 기꺼이 나서야 한다.

말로만 외치는 성과주의

90년대 초부터 연공서열식의 보상시스템에 대변혁이 일어났다. 삼성에서부터 시작된 신인사제도의 핵심은 성과주의였다. "성과 있는 곳에 보상이 있다."라는 말처럼 조직과 개인의 성과 차별이 강화되었다. 연봉제가 도입되고 성과금이 성과에 따라 차등 지급되었다. 동일 회사의 같은 직급이지만 성과가 높은 조직과 개인이 성과가 낮은 조직과 개인에 비해 연봉 2배 이상의 차이를 보이기도 했다. 이러한 성과주의는 1997년 IMF 구제금융을 받은 직후부터 더욱 심화되었다. 글로벌 스탠더드라는 미명 하에 미국식 성과주의가 인사제도에 반영되었다.

물론 이러한 성과주의의 폐단이 없는 것은 아니다. 우리나라의 경우, 평등사상이 국민의 정서에 보다 부합하며 소위 신바람 문화가 존재한다. 모두가 똑똑해서 입사했는데 파이를 키워 나눌 생각을 해야지 왜 조그만 파이를 놓고 누구는 더 주고 누구는 덜 주려고 하느냐고 한다. 다 함께 공동의 힘을 모을 때 보다 높은 성과를 보이는 민족의 특성을 파악하라고 한다. 성과를 측정하는 평가의 공정성 문제도 대두된다. 가족적 문화가 짙다 보니 업적보다는 인간관계 중심으로 평가하는 경향도 있다고 한다. 직무에 대한 정의와 구분도 모호하여 상사가 ㅅ키는 모든 일을 다 해야 하는 경우도 있다. 또한 보상이 낮은 사람이 수긍하지 못했을 때에는 '두고 보자'는 식으로 조직과 개인에게 해악을 끼치는 사례도 있다.

업무에 익숙하지 않거나 준비가 덜 된 신입사원의 경우에는 육성의 기간이 필요하다. 선배에 의한 계획적이고 구체적인 육성으로 역량과 기술이 일정 수준에 오르기까지는 성과 평가를 보류하는 편이 낫다. 이들은 주로 성품, 배우려는 열정 그리고 미래 가능성 등의 역량을 중심으로 평가 받는 것이 당연하다.

그러나 임원의 경우에는 다르다. 두 회사가 있다. A회사는 모든 임원에게 직위에 맞게 동일한 보상을 준다. 차별은 존재하지 않는다. B회사는 매년 성과가 높은 임원에게는 마우 높은 성과금이 지급되고 성과가 낮은 최하위의 임원은 그해에 퇴직하게 한다. 경쟁이 심한 산업이라면 5년 후에 어느 회사가 존재하겠는가?

임원은 이미 역량은 검증을 마친 상태이며 회사의 지속적인 성장과 발전을 위해 이들은 성과를 창출해야만 한다. 이들에게 업무를 가르쳐 주고 역량을 강화시켜주며 배움의 열정을 강조하기보다는 더 많은 성과를 낼 수 있도록 경쟁을 통한 평가와 보상제도를 설계해야 한다. 만약 이들에게 공평하게 평가와 보상이 주어진다면 이들은 경쟁하려 하지 않을 것이며 더 많은 성과를 창출하기 위해 노력하지 않을 것이다. 어느 순간 경쟁업체에게 시장점유율과 이익이 잠식당해 망하게 될 것이다.

일반 사원들은 대리가 되기 위해 업적, 품성, 외국어 자격, OA자격, 직무 자격증 등 수많은 관문을 통과하도록 하고 통과한 자 중에서 50%만 승진시킨다. 회사의 임원이 평가를 받지 않고 연공서열에 의해 승진이 결정되며 직위별 보상이 동일하다면, 우수한 사원이 이 회사에서 무엇을 배우기 위해 머물겠는가? 임원이 더욱 경쟁적이고 해당 직무의 전문가이며 보다 넓은 시야를 갖고 전략을 제시할 때, 사원들은 그들을 믿고 존경하며 회사의 제도를 수용하는 법이다.

▶

추종자가
되어버린 임원

경영위원회 때의 일이다. 경영환경이 회사에 미치는 영향에 대해 경영전략실의 발표가 끝나고 어떠한 전략을 가져가는 것이 바람직한가에 대해 논의가 진행되었다. 참석한 임원들은 아무도 입을 열지 않았다. 사장이 A안을 가져가는 것이 어떻겠냐고 말을 하였다. 기다렸다는 듯이 김 전무는 A안은 이러 이러한 측면에서 도움이 된다고 화답하였다. 김 전무에 이어 이 전무도 A안으로 할 때의 기대효과에 대해 이야기했고 대다수의 임원들은 A안이 좋다는 듯한 이야기와 표정을 지었다.

그때 갑자기 사장이 A안으로 했을 때의 부정적 측면을 이야기하며 이런 측면에서는 B안이 어떠냐는 의견을 내었다. 말이 끝나기가 무섭게 김 전무는 "저도 그 점이 마음에 걸렸습니다. A안은 실패할 경우 회사에 미치는 파급효과가 매우 크지만, B안의 경우 장기적 측면을 고려했기 때문에 중간 점검이 가능하며 안정적인 우리 산업에 보다 유리하다고 생각합니다."라며 응수한다. 이 전무도 비슷한 의견을 내며 B안을 지지한다. 어느 순간 A안을 지지하는 임원은 한 명도 없다.

사장이 경영전략실장에게 어느 안을 하는 것이 이익과 리스크 측면에서 효과적이냐고 묻는다. 사실 경영전략실장은 A안을 1안으로 생각하였다. 그러나 전체적인 분위기가 B안으로 흐르자 B안이 좋다고 이야기했다. 사장이 B안으로 했을 대 결정적인 결점이 무엇이냐고 물었다. 경영전략실장은 장기적 대안이기 때문에 중간에 점검할 수 있는 장점이 있지만, 지금과 같은 이익이 확보된 상태에서는 경쟁사보다 발 빠르게 추진할 수 있는 장점을 놓친다고 이야기했다. 자금적 여유와 경쟁사보다 빠른 대응이란 말에 사장의 마음이 흔들렸다. 지금까지 우리는 업계 2위를 유지해 왔는데 B안으로 가면 우리는 영영 2위에 머물게 된다. 위험부담이 있지만 A안을 택하자고 결정하자 참석한 모든 임원은 1위가 되자 하며 결의를 다진다.

반대가 없다. 의사결정 시 모두가 한 방향으로 가는 것은 중요하다. 그러나 이는 의사결정이 된 이후이다. 의사결정이 되기까지는 자신의 전문성을 바탕으로 의견을 내며 마치 싸움을 하듯이 치열하게 토론해야 한다. 토론의 과정을 거친 후에 방안이 결정되면 토론 중의 반대 의견이나 부정적 이야기는 모두 뒤로 하고 실행에 전념해야 한다. 토론 중에 의견이 없고 일방적으로 의사결정이 되면 뒤에 말이 많다. 자신의 의견이 반영되지 않았고 자신의 생각이 아니라고 실행에 참여하지 않는 경향이 있다.

반대하는 사람이 없다면 의사결정 자체를 재고해야 한다. 모든 의사결정이 CEO의 의견을 따라 좌지우지된다면 임원은 CEO를 보좌하는 사람이 될 뿐 결코 보완해 주는 사람이 되지 못한다. 처음 혁신을 주도해 나갈 때 힘을 몰아주는 일은 필요하지만 무조건 사장님 말씀이 옳다는 식의 추종은 본인뿐만 아니라 회사의 미래 모두를 망치는 원인이 된다.

사장님, 이것 봐주세요

이철수 전무는 사내에서는 이 대리라고 불린다. 하나에서 열까지 대표이사에게 일일이 보고하기 때문이다. 중요한 보고이건 사소한 보고이건 본인이 의사결정 하는 경우는 거의 없다. 대부분 대표이사가 의사결정 하도록 한다.

민경식 상무는 도전적이고 적극적인 성격으로 강한 추진력을 보유하고 있다. 민 상무는 본부장인 이 전무에게 방향과 큰 그림 위주로 보고하고 세부적인 사항은 그대로 추진시켰다. 이 전무는 이러한 민 상무의 행동이 못마땅했다.

사장의 한마디가 인재를 잃게 한다

회사에서 추진하는 A프로젝트에 대한 프로젝트 리더로 민 상무가 선정되었다. 민 상무는 추진 방향과 전략 그리고 방안을 중심으로 세부 추진일정을 작성하여 이 전무에게 승인을 받았다. 세부적인 추진사항에 대해서는 매주 목요일 오후에 정기보고를 하고 특이사항이 있는 경우에는 별도로 보고하기로 했다.

민 상무가 일정에 따라 업무를 추진하던 중, 사장으로부터 호출을 받았다. 민 상무는 이 전무에게 보고하고 미팅에 참석했다. 사장은 A프로젝트에 대해 상세히 질문했고 민 상무는 추진내용을 보고하였다. 추진내용 중 의사결정 사항에 대해 민 상무가 사장에게 보고하자 사장은 향후 A프로젝트에 대해서는 민 상무가 직접 보고하라는 지시를 내렸다. 보고를 마치고 이 전무에게 사장의 지시사항을 전하자 불쾌감을 내비쳤다. 그 후로 민 상무는 A프로젝트에 대해 사장에게 직접 보고를 하고 그 결과에 대해서는 이 전무에게 전해 주었다.

며칠이 지났다. 사장의 호통이 이어졌다. 프로젝트에 대해서 이 전무와 마찬가지로 정기보고를 하였으나 사장은 세심한 보고를 원했던 것이다. 이 전무에게 하나에서 열까지 보고받는데 익숙해져 있었던 것이다. 사실 이 프로젝트도 이 전무가 사장에게 매일 보고를 하고 있었다. 매일 보고하는 것에 익숙하지 않은 민 상무 입장에서는 엄청난 스트레스였고 하찮은 사항까지 일일이 지시받는 입장이 되다 보니 자신의 존재감과 일에 대한 의욕이 급속히 저하되었다. 더군다나 이 전무가 주는 차별적인 대우에

견디기 힘들었다. 결국 민 상무는 프로젝트 전부를 이 전무에게 위임하고 회사를 떠나게 되었다.

프로젝트가 회사의 사활이 걸린 중요한 안건이라면 밤을 새더라도 구체적으로 보고해야 한다. 한자리에 모여 결정을 내기 위하여 아이디어를 모아야 한다. 그러나 그렇지 않은 일에서는 대표이사라면 큰 방향과 전략에 대해서만 보고를 받고 임원들에게 권한을 주어야 한다. 소신 있게 자신의 일을 할 수 있도록 책임감과 자부심을 발휘할 수 있도록 해야 한다. 사장이 시시콜콜하게 하찮은 보고를 다 받다 보면 아랫사람들은 자신의 의견을 내지 않는다. 사장이 결정한 것만 따르는 무사안일주의에 빠지게 된다.

내 부서만
챙겨야 산다

어느 항공사에 전설적인 이야기가 있다. 비행기 한 대가 정비를 위해 정비소로 들어온 시간은 오후 6시였다. 정비부원들은 정비를 위해서는 야간작업을 해야만 했다. 야간작업을 한다면 당연 야간수당이 지급된다. 정비소장은 야간수당을 주지 않으려고 야간작업을 지시하지 않고 다음날 오전 작업을 지시하고 퇴근시켰다. 결국 이 항공기는 다음날 오전에 정비를 하게 되었고 하루 비행을 하지 못했다. 야간수당이 늘면 부서장의 책임이라는 제도 때문에 하루에 수당의 몇 백배나 되는 돈을 벌 수 없게된 것이다. 회사의 이익보다는 내 부서의 이익이 우선이라는 한 관리자의 생각이 낳은 결과이다.

해야 하지만, 예산이 없어서 못합니다

경영이 어려워지다 보면 많은 기업들이 비용을 통제한다. 정말 덜 필요한 비용이라면 서로가 노력하여 사용하지 않아야 한다. 그러나 반드시 해야 할 일이라면 비용을 아끼지 말아야 한다.

교육을 담당하는 부서의 예산이 절반이 줄었다. 매년 보내던 해외연수를 취소하였지만 계층별 교육과 직무 역량 향상교육만 운영하고 있는 상황이었다. 어느 날 회사의 중요한 프로젝트를 수행하기 위해 3개월의 사전연수를 해야만 했고 그 연수를 이수하지 않으면 프로젝트를 수행할 수 없었다.

현업 부서에서는 3개월 연수를 위해 5명을 선발하여 교육부서로 교육신청을 하였다. 예산에 반영되지 않은 연수였기 때문에 비용은 전사 교육예산으로 신청하였다. 교육부서는 이 건을 승인할 경우 연간 교육예산을 초과하기 때문에 부서장이 사유서를 쓰고 특별예산을 요청해야 하는 상황이었다. 위탁교육 담당자는 부서장에게 보고했고 부서장은 예산 범위 내에서만 실행하라고 했다. 예산이 없어 특별예산을 작성했는데 예산 범위 내에서 쓰라니 가지 말라는 소리나 다름없었다. 담당자는 현업 조직장에게 예산이 없어 내년에 가라고 했다. 현업 부서장은 이 소리에 한동안 아무 말을 못했다.

회사의 중요 프로젝트를 위해 합심을 해도 부족한데 교육경비가 없다고 대형 프로젝트를 포기하라니 부서 이기가 회사를 망하게 하고 있는 것이다.

극단적인 SILO현상은 인재에 대해 더욱 편협하다

조직장은 그 조직에서 가장 높은 성과를 내는 직원을 교육도 보내지 않는다. 자신이 있는 동안은 절대 부서이동을 하지 못하게 한다. 전략적 이동 대상이지만 1~2년 후에 가라고 한다. 부서 내에서 두 번째 내지는 세 번째 사람이 교육이나 전략적 이동 대상이 된다. 결국 현 조직장에게서 인정과 높은 평가는 받지만 한 부서에 머물다 보니 폭넓은 경험을 쌓지 못하여 승진이나 조직장이 될 때 본의 아니게 피해를 보게 되는 경우가 많다.

내 부서, 나만 챙기면 된다는 Silo현상을 타파하기 위해서는 조직장의 의식부터 바뀌어야 한다. 평가도 개인평가가 아닌 조직평가와 고객평가를 도입해야 한다. 무엇보다도 이러한 부서와 개인 이기에 대한 사례에 대해서는 엄벌하고 실패 사례로 들어 교육을 강화해야 한다.

목표가 왜 이리 높아?
리스크를 생각해야지

목표는 적게 성과는 높게 하라

기업은 누구에게 좋은 평가를 받아야 하는가? 100의 목표를 설정하고 100% 달성한 사람과 120의 목표를 설정하고 90% 달성한 사람이 있다면 누가 좋은 평가를 받아야 하겠는가?

정답은 비록 90% 달성했지만 120% 목표를 설정한 사람이 좋은 평가를 받아야 할 것이다. 그러나 현실적으로는 계획 따로, 실적 따로 평가가 이루어진다. 계획은 계획일 뿐이고 실적이 중요하다는 입장이다. 어느 사람은 100의 목표를 세우고 110% 달성하는 사람이 더 현명하다고 말한다. 결과가 좋아야지 결과가 나쁘면 모든 것이 나쁘다는 인식이 강하다. 이러다 보니 인사부서 또는 재무부서에서 목표를 20% 높게 잡아도 달성하기 쉬운 목표로 정하거나 형식적으로 20% 높이는 형식을 취한다. 만약 구성원이 도전적인 목표를 제시하면 목표는 낮게 성과는 높게 하라고 한다.

이 팀장, 이거 달성 가능해?

이 팀장은 승부욕도 있고 매우 적극적인 성격에 추진력도 강했다. 그는 2년 후에 임원에 도전하겠다는 목표를 갖고 연초 업무계획을 다소 높게 설정하였다. 지금까지 실시하지 않은 타 조직에 대한 진단과 컨설팅을 2회 실시하겠다고 했다.

그런 이 팀장의 업무계획을 본 김 상무는 "이 팀장, 이걸 달성할 수 있다고 생각해? 리스크를 생각해야지. 잘못하면 나까지 망하게 되잖아." 하며 목표와 업무를 낮추라고 한다. 이 팀장은 작년 진단을 분석하여 최하위 조직 2곳을 선정하고 소속 임원을 만나 설득하면 되며, 컨설팅은 지금까지 팀원들이 교육받고 과제를 분석하는 역량이라면 충분하다고 설득했다. 무엇보다도 컨설팅을 통해 팀원들이 단순한 실무자를 벗어나 컨설턴트라는 자부심과 프로젝트를 처음부터 끝까지 수행하고 성과를 창출하는 성취감을 맛보게 해 주고 싶다고 했다. 그러나 김 상무는 소속 임원이 원하지 않는다면 내부 컨설팅 결과에 대해 누가 신뢰하겠느냐며 반대하였다.

결론은 계획에는 포함하지 않고 연중 실시하여 실적에는 포함하자는 절충안이 채택되었다. 이 팀장은 자리로 돌아오면서 실망할 팀원들과 이렇게 소신 없이 일하는 것이 올바른가를 고민하였다.

높은 목표를 세우고 열정을 다하는 회사가 되어야 한다

비록 달성하지 못하더라도 두려움 대신 해낼 수 있다는 자신감을 갖고 더 큰 목표를 향해 도전하는 회사가 성장한다. 실패나 리스크를 걱정하여 목표를 낮게 설정하거나 형식적인 목표를 설정하는 회사는 경쟁 환경에서 망할 수밖에 없다. 구성원이 높은 목표를 설정하게 하고 실패를 장려하는 회사가 되어야 한다. 성공과 실패 모두를 구성원들과 공유하여 살아있는 지식경영이 되도록 해야 한다. 웅진, 포스코, 아시아나 항공 등은 실패를 두려워하지 않는 문화와 구성원을 만들기 위해 실패 사례집과 실패를 인정하는 제도를 채택하고 있다.

위험요인에 대해서도 시나리오기법 등의 교육을 통해 위험을 최대한 회피하며 활용할 수 있게 육성해야 한다. 이렇게 준비하고 대처하며 이끄는 회사가 강한 회사이다.

사장님이
고객보다 우선이다

사장님 점심 약속 계시니?

11시만 되면 사장실로 전화가 쇄도한다. 각 본부장 비서들이 사장실에 전화하여 사장님의 점심 약속을 확인한다. 사장이 외부 약속이 있으면 그때부터 본부장들도 약속을 정한다. 만약 사장이 약속이 없다면 점심 식사를 함께하게 될지 결정되면 알려 달라고 한다.

물론 개인약속을 정하는 본부장은 적다. 갑자기 사장의 약속이 취소되면 그야말로 한 편의 연극이다. 본부장들의 약속이 줄줄이 취소된다. 내부 직원의 경우라면 어느 정도 양해가 되지만 외부 고객과의 약속도 취소된다. 이 회사에서는 상사의 갑작스러운 호출에 모든 약속이 취소된다. "죄송합니다. 선약이 있습니다."라는 말이 없는 듯하다. 사장은 본부장들이 자신과 식사를 함께하기 위해 모든 약속을 취소했다는 것을 알지 못한다.

이러한 현상은 전염된다. 사장이 갑자기 약속이 생겨 본부장들과의 식사 약속을 취소하면 본부장 아래 팀장들의 식사 약속이 전부 취소되게 된다. 상사와의 식사나 회식에 빠지게 되면 왠지 중요한 정보나 의사결정에 참여하지 못한 느낌이 들고 관계 형성에 있어 제외된다는 생각을 한다. 취소한 사람들에게 미안한 감정도 없다. 당연하다는 인식이 깔려 있다. 문제는 고객에게까지 이렇게 한다는 점이다.

김 팀장은 경력사원으로 입사하게 되었다. 11시만 되면 상사에게 가서 점심 약속 있냐고 묻는 동료 팀장들이 이해가 되지 않았다. 2주 전에 중식과 저녁 약속을 정하고 자신이 정한 약속만큼은 반드시 지키려는 그에게 당일, 그것도 1시간도 남지 않은 상태에서 모든 팀장들에게 함께 식사하러 가자는 말이 이해되지 않았다. 약속이 있다고 하면 "김 팀장은 회사 생활 그렇게 하나요?" 하는 말에 당황했다. 대기업의 팀장인데도 식사 약속이 없는 것이 이상했다. 선약이 있다고 하니 누구랑 함께하냐는 질문이 이해할 수가 없었다. 시간이 지나면서 이 회사에서 가장 중요한 것은 상사와의 관계이고 상사에게 잘못 보이면 아무리 성과가 좋다 할지라도 인정받지 못한다는 인식이 자리 잡고 있음을 알게 되었다. 더 심각한 것은 상사가 전부라는 생각이다.

신뢰의 기본은 약속이 중시되어야 한다

누군가와 약속을 했다면 그 약속은 지켜야 한다. 더 높은 상사가 찾는다고 해서 약속이 연기되거나 취소되어서는 안 된다. 최고 경영층부터 개선해 나가야 한다. 점심 약속이 없으면 번개 미팅을 하면 된다. 어느 부서든 가서 "점심 약속 없는 사람 나와 함께 햄버거 먹으러 가자."라고 하면 된다. 저녁 약속이 없는데 소주 한잔 생각난다면 "소주 한잔 생각나는 사람 함께 가자."라고 하면 된다. 강요가 아니다. 소주 한잔 하다가 먼저 가는 것도 결례가 아니어야 한다. 더 중요한 것은 임원이 되면 최소 2주 전에 중식과 석식 약속이 정해져 있어야 한다.

존경하는 A 임원은 매주 중식 2회는 반드시 회사 구성원 중심으로 약속을 정해 그들로부터 이런저런 회사와 구성원의 이야기를 들었다. 구성원이 약속이 있다고 떳떳하게 말하며 이것이 당연하게 생각하게 하는 회사가 신뢰가 높은 곳이다.

네가 뭔데
미팅에 빠져

지독한 회식 문화가 있다. 흔히 생각하는 저녁 식사가 아니다. 참석하는 사람도, 경영자에게 첫 잔을 권하는 사람도 정해져 있다. 첫 잔은 무조건 다 마시고 다른 사람에게 술잔을 권한다. 술잔이 오가며 회사 이야기의 대부분이 여기서 논의된다. 이번 일이 어떻고, 그 일에 가장 적합한 사람은 누구이며. 어느 부서에서 지금 무엇이 추진되고 있다 등등의 정보가 공유된다. 사람에 대한 평가도 이루어진다. 누구는 안 되겠다, 누구는 이번에 승진시켜야 한다는 등의 이야기가 스스럼없이 오간다. 이 미팅에 참여하지 않는 사람은 이미 굴레의 범위를 벗어난 것이다.

술잔은 계속 돌려지며 1차가 끝나면 자연스럽게 노래방이나 맥주 한 잔을 더 마시기 위해 자리를 옮긴다. 모두가 술이 많이 취한 상태이지만 먼저 가겠다는 사람은 없다. 그 자리의 가장 직위가 높은 사람이 자리를 일어나기 이전에 먼저 간다는 것은 큰 결례로 생각한다. 이러한 저녁 모임이 거의 매일 이루어진다.

저는 앞으로 2차는 가지 않겠습니다

홍길동 부장은 선천적으로 술이 약한 체질이다. 소주 한잔만 하면 얼굴이 붉어지고 조금 과하면 잠에 빠지게 된다. 매일 계속되는 회식에 홍 부장은 견딜 수가 없었다. 그렇다고 회사를 옮길 수는 없는 상황이다 보니 1차만 하고 귀가하는 방법을 택하였다. 저녁 식사를 하기 전에 항상 양해를 구했다. 귀가한다는 말보다는 업무 때문에 사무실에 들어가야 한다고 했다. 본부장과의 회식에서도 이 원칙을 지켰고 동료 부장들과의 미팅에서도 이렇게 하였다. 어느 순간 홍 부장은 2차를 하지 않는 사람이 되었고 자연스럽게 1차가 끝나면 "홍 부장은 갈 거지?" 하는 인사를 듣게 되었다.

홍 부장만 힘든 것은 아니다. 어느 날 직속 임원인 이 전무와 부장급 4명이 저녁 식사를 함께하게 되었다. 이 전무는 기분이 좋아져 노래방에 가서 노래 한 곡씩 하자고 했다. 홍 부장이 죄송하다고 이야기하자 "홍 부장, 홍 부장은 하고 싶은 대로 해서 좋겠지만 여기 있는 사람들도 이 자릴 원하지 않고 다 힘들어. 자기만 살겠다는 생각은 버려."라는 호통을 들었다. 황당하기는 했지만 달리 변명할 말도 없어 죄송하다는 말밖에 할 말이 없다.

이 회사의 여사원들은 경영자로 성장하는 것을 생각하지 않는다. 많은 의사결정이 밤 술자리에서 이루어지며 중요 직무는 여사원에게 부여되지도 않았다. 이런 상황이다 보니 회사의 병폐 중에 하나로 회식문화가 항상 거론되지만 "나도 얼마나 힘들면 그러겠느냐."라는 경영층의 한마디로 일축되며 술 마시다 2차에 가지 않는 사람에게 네가 뭔데 중요한 미팅에 빠지냐는 이야기가 회자된다.

내 말이
진리다

조직장이 하라는 대로 하는 것이 옳다

제안제도 활성화를 위한 미팅을 실시했다. 1년에 1인당 제안 건수가 1건도 안 되는 상황에서 어떻게 하면 업무의 과제나 개선 아이디어를 보다 자연스럽게 제안하도록 하느냐가 목적이었다. 많은 이야기가 오갔다. 제안사이트를 만들자, 아이디어를 평가하여 보상을 하자, 주 단위로 아이디어 낸 사람들을 공유하고 그중에 가장 좋은 아이디어를 시상하자, 평가하는 조직을 신설하자 등등이 있었다.

서 차장이 "아무리 좋은 아이디어를 낸다 해도 직속상사가 인정하지 않으면 곤란하다. 개선의견을 냈으나 무조건 내 말대로 하라고 하는데 개선이 되겠느냐."라고 하자 모두가 수긍하였다. 회사는 어느 순간 조직장이 하라는 대로 하는 것이 편하고 좋다는 인식이 만연되어 있었다.

열린 정보의 시대인 지금은 고민하고 새로운 것을 창출해야 생존할 수 있다. 정보가 제한된 시절에는 당연히 정보를 접할 수 있고 경험 많은 조직장이 더 영향력이 있었다. 전문 잡지나 회사 내외의 정보들이 조직장에게 집중되었고 전문성과 경륜이 더해져 그의 말을 따를 수밖에 없었다. 그러나 인터넷으로 전 세계의 정보를 한 순간에 볼 수 있는 지금은 더 이상 정보에 대한 조직장의 영향력은 없다. 대신 담당하고 있는 직무의 앞으로 가야 할 방향과 과제를 전략적으로 파악하여 이를 해결해 나가는 전문성이 새로운 파워가 되었다. 그러나 아직도 직책에서 오는 파워를 통해 구성원을 통제하려는 조직장이 있다. 그들은 연륜을 중심으로 무조건 자신의 말을 따르라고 한다. 이래서는 개선이 이루어질 수 없다. 개선 의견을 말하면 반항하냐고 한다. 새로운 것이 창출될 수 없는 것이다.

이 방향으로 해야만 합니다

성 부장은 사내 직무 전문성 강화를 위해 직무를 분류하고 직무의 수준을 5단계로 구분하여 각각의 직무레벨과 그에 따른 육성프로그램을 개발하였다. 1여 년이 넘는 대형고-제였다. 이 프로젝트의 최종 모습은 전 임직원이 자신의 직무 수준을 파악하고 수준별 육성을 하는 데 있었다. 이 과정에서 문제점이 발생되었다. 조직장들은 모두 자신이 그 직무의 최고 단계인 5수준의 전문가라고 생각하고 있었다. 직무 전문가와 조직장은 별개의 이슈다. 직무는 잘 모르지만 조직 관리력이 뛰어나 조직장이 된 사람도 있다. 이 사람이 직무 5수준은 아닌 것이다. 그러나 대부분의 조직장은 자신이 그 부서 최고의 직무 전문가라고 착각을 하고 의사결정을 한다. 그러다 보니 내 말을 무조건 따르라는 무리한 지시를 하게 된다.

성 부장은 조직장도 직무 레벨평가를 하여 직무 단계가 낮은 수준이라면 교육을 받아야 한다고 제안했다. 수준별 맞춤형 육성이 되도록 방향을 정하고 밀고 나갔다. 성 부장은 온라인 과정을 개발하여 조직장이 언제든지 온라인 교육을 접할 수 있도록 배려했다. 그러나 조직장은 조직의 모든 상황을 통제해야 할 뿐만 아니라 구성원의 역량을 활용해 성과를 창출해야 한다는 이유로 부결되었다. 방향은 옳지만 상사의 반대를 극복할 수는 없었다.

사장님 보고는
나 아니면 안 된다

김 팀장, 김 팀장이 본부장이야?

김 팀장은 추진해야 할 프로젝트의 시급한 이슈로 이 전무를 찾았으나 외출 중이었다. 중요 사안은 아니었지만 시급하게 결정하여 거래처에 통보해줘야만 기일 내 부품이 입고될 수 있었다. 김 팀장은 차상위자인 사장님께 직접 결제를 받았다. 급히 일 처리를 마치고 메모지에 간략하게 조치사항을 적어 전무 책상 위에 올려놨다. 오후 늦게 이 전무의 호출이 있었다. 호출을 본 순간 오전 처리건 때문이라는 생각이 들었다. 이 전무는 겨우 30분 자리를 비웠을 뿐인데 그렇게 자신을 뛰어넘고 직접 사장에게 보고할 만큼 그 일이 급했냐고 추궁했다. 여러 번 이야기했지만 불필요한 변명이 된 느낌에 죄송하다고 말하고 나왔지만 왠지 서글픈 생각이 들었다.

누가 보고해야 하는가?

사무직에 종사하는 직장인은 보고로 시작하여 보고로 끝난다는 말이 있다. 가장 뛰어난 조직장은 CEO에게 빠른 시간에 수정 없이 결재를 받아 오는 사람이라고 한다. 보고를 잘해 승진한 사람도 있고 한번 보고를 잘못해서 좌천된 사람도 있다. 그만큼 보고는 중요하다. 특히 CEO에게 점수를 딸 수 있는 결재의 경우에는 누구나 자신이 보고를 하고 싶어 한다.

조직에는 위계가 있다. 위계를 밟고 올라가는 것이 원칙이며 그렇게 해야만 한다. 안정된 조직일수록 이 위계가 흔들리는 것을 용납하지 않는다. 상황이 이렇다 보니 상사를 건너뛰고 차상급자 그것도 CEO에게 직접 보고하는 것을 인정하지 않는 상사가 많다. 아무리 급한 일이라 해도 반드시 자신이 보고해야 한다. 물론 말로는 이렇게 이야기하지 않는다. 그러나 김 팀장처럼 정말 급하고 연락이 되지 않아 선 조치 후 보고했을 때 심한 질책이 있었다면 조직 내 그 누구도 김 팀장처럼 하지 않는다. 본부장이 올 때까지 기다린다. 그렇게 조직은 점차 열정이 식어가게 된다.

A회사의 이 부사장은 상무 시절부터 자신만 보고해야 한다고 생각하는 분이다. 타 본부장, CEO에게 보고는 혼자 처리했고 결코 담당자와의 동행은 없었다. 담당자는 이 부사장에게 보고서를 올리고 통보가 내려올 때까지 기다리다가 기일이 지나

도 소식이 없으면 조심스럽게 그 보고서 어떻게 되었냐고 물어 본다. 그러면 잊었다 또는 아직 보고 드리지 못했다는 말을 듣는 다. 심한 경우에는 보고서 한 부 더 가져오라고 한다. 담당자가 올린 내용과 부사장이 생각하는 내용과 CEO가 지시한 내용이 다를 경우도 많다. CEO 지시사항이라고 내려온 내용이 전에 검 토를 마친 것이거나 말도 안 되는 황당한 것일 경우도 있다. 중 간에 설명을 제대로 하지 못하다 보니 담당자에게 엄청난 짐을 남기는 경우도 있다.

실행하지 않는 기업은 내 일에 간섭하지 말라는 의식이 강하 다. 내 보고인데 네가 왜 참견하느냐고 한다. 너의 역할은 보고 서를 작성하는 것이고 의사결정은 내가 한다는 의식이 강하다. 함께 일한다는 생각보다는 군림하고 있다. 이런 상사일수록 다 른 사람과의 대화에서 본인은 가장 민주적이며 그 성원들의 의견 을 많이 수용해 주는 좋은 상사처럼 말한다.

어떻게 하든
자리 지키는 것이 우선이다

무엇이 중요한 지 알아? 오래 버티는 거야

성 팀장은 요즘 마음이 무겁다. 대학에서도 항상 도전과 튀는 행동으로 남의 이목을 끌었고 직장에서도 새로운 발상과 아이디어로 동기 중에서 가장 먼저 팀장이 되었다. 안주하기 보다는 변화를 좋아했고 보고서를 작성하더라도 과거 자료는 가능한 참조하지 않았다. 새로운 관점에서 고민하고 일의 프로세스를 정해 실행하였다.

최근 인사발령으로 이 전무가 상사로 오게 되었다. 이 전무는 새로운 일을 벌이는 것을 극도로 자제하고 상사와의 관계를 무척 소중히 생각한다. 부임 첫 날, 각 부서의 업무 보고가 있었다. 기존 업무 50%, 신규 창출업무를 50% 가져가겠다는 성 팀장의 보고에 대해 "아니, 지금까지 부서의 여유가 그렇게 많았나요? 50%씩이나 새로운 업무를 창출할 인력과 시간이 있나요?" 하고 묻는다. 기존의 일을 더욱 효율적으로 하고 새로운 가치를 창출하겠다는 말을 믿지 못하겠다는 표정이었다.

첫 회식이 있었다. 이 전무는 소주 서너 잔이 오가고 난 후 "직장생활은 버티는 것이다. 선배들 중에 조기 퇴직하고 새로운 직장을 얻지 못한 분들을 보니 많이 늙었다. 집에서도 대접을 못받고 힘들어 한다. 직장 오래 다니는 것이 행복이다."라고 강조한다.

직장생활을 하면서 튀는 사람이 오래 가는 경우는 본 적이 없고 실패가 예상되는 일은 가능한 피하라고 한다. 성과드 중요하지만 사람과의 관계가 더 중요하다고 한다. 상사와의 관계가 안좋은 사람이 승진하는 경우를 보지 못했다고 한다. 자신이 맡고 있는 일을 완벽하게 처리하는 것이 성과라고 한다. 변화를 이끌고 도전하는 모습이 바람직하지만 우리 회사 업의 특성은 IT산업처럼 빠른 경쟁을 요하는 사업이 아닌 만큼 안정지향으로 사고와 실수가 없어야 한다. 30년 가까이 근무하다 보니 누가 직장생활을 오래 하느냐가 가장 중요한 이슈가 된다고 강조한다.

신규 프로젝트 제안을 담당자와 함께 이 전무에게 보고했다. 이 전무는 "왜 이 일을 해야 하나? 이 일을 통해 얻고자 하는 효과가 무엇인가요? 실패하면 회사에 미치는 영향이 두엇인가? 프로젝트 수행을 위해서는 다른 팀의 인력과 자욷을 지원받아야 하는데, 협의는 되어있느냐." 등에 대해 질문한다. 물른 프로젝트 관련, 아이디어 도출 단계부터 하나하나 이야기를 나누지 못한 잘못은 있지만 제안서를 보며 안 된다는 입장이 너무 강했다. 결국 프로젝트는 좀 더 신중하게 검토해 보라는 말과 함께 무산되었다. 며칠 동안 밤 늦게까지 제안서를 작성한 담당자에게 미안했다.

몇 번의 유사한 일을 경험한 성 팀장은 요즘 새로운 일을 하려고 하지 않는다. 업무 시간에 시간적 여유가 있다 보니 평소에 하지 않던 인터넷에 들어가 대학 선후배와 친구, 입사 동기, 지인들과의 만남을 즐긴다. 팀이 해야 하는 본연의 일만 실행한다. 팀원들에게도 새로운 일을 추진하기 보다는 자신이 담당하는 일을 제대로 하라고 지시하는 자신의 말에 놀란다. 그러면서 한계라고 위안한다.

어느 순간 사무실의 분위기가 바뀌었다. 큰소리로 토론하며 안 된다는 이야기가 사라졌다. 팀원들은 책상에 머리를 숙이고 무엇을 하는지 말이 없다. 웃음소리도 사라졌다. 점심시간이 되면 개별 약속을 정해 나간다. 점심시간이 된 것도 모르고 토론하던 모습은 사라졌다. 퇴근시간이 되면 이 전무가 퇴근하는가 살핀다. 성 팀장은 처음으로 회사 출근하는 것이 힘들다고 느낀다.

사고 책임자는
당신이잖아

공사 중, 자재를 옮기던 직원 두 명이 떨어져 사망한 사고가 발생했다. 안전 부주의가 원인이었다. 사망사고이다 보니 지역 신문의 기자가 몰려왔고 각 기관의 조사가 시작되었다.

공사는 하청기업에 의해 추진되었다. 안전 부주의에서 관리 책임 소홀로 이슈가 옮겨지며 유가족과 지역 신문으로 인하여 회사의 이미지에 큰 손상을 입혔다. 회사는 급히 기자회견을 자청하였다. 기자회견장에 나온 사람은 사장도 아니고 공장장도 아닌 현장의 김 반장이었다.

김 반장은 "관리책임이 있는 반장으로서 사무실에서 다른 업무를 하다가 현장을 관리하지 못해 사고가 일어나게 된 점을 깊이 반성하며 사죄한다."며 머리를 조아린다. 회사는 신속하게 김 반장을 징계하고 사건을 무마하려고만 한다. 보상과 관련해서는 도의적 책임만 질 뿐 하청기업의 문제라고 일축한다. 공장의 그 누구도 이 문제에 대해서는 함부로 말하지 말라는 지시가 내려오고 그렇게 사건은 일단락되었다.

빈소를 찾은 이는 김 반장 단 한 명이었다. 사고의 책임자는 당신이니까 당신이 다 책임지라는 말 한마디가 마지막이었다. 그 누구도 김 반장과 이야기하려 하지 않았다.

누구나 가족과 자신의 미래는 소중하다. 누구나 안정 속에 성장하고 싶어 한다. 그러나 경영진부터 책임지려 하지 않는 기업은 서서히 망해간다.

PART

3

흔들리는
개인 비전과
목표

2등에 안주하다

2등 패배주의에서 벗어나지 못하다

김 사장은 그룹의 총수로부터 만년 2등에서 1등이 되어 보라는 엄명을 받고 A기업 CEO가 되었다. 김 사장은 20년 넘게 M/S에서 2등을 하고 있는 회사의 근본 이유가 무엇인가 전략팀장을 불러 조사토록 하였다.

한 달의 시간이 흘러 발표된 보고서는 패배주의에 젖어 있었다. 원인은 무수히 많았으나 1등이 되기 위한 전략이 없었다. 모든 보고서는 원인도 중요하지만 대책이 더 중요하다. 전략팀의 보고서에는 추종전략은 있지만 1등 전략은 찾아볼 수가 없었다. 정부, 경쟁업체, 나아가 고객마저도 2등 회사가 1등이 되는 것을 원하지 않는다고 결론을 맺고 있다. 더 심한 것은 우리가 1등을 하려 하면 3위 업체가 우리를 뛰어넘기 위해 가격경쟁을 하게 되고 그 결과 수익 악화로 회사가 위태롭게 될 수 있다는 안을 제시하고 있었다.

김 사장은 계층별 간담회를 실시하였다. 주제는 '우리가 어떻게 하면 1등 기업이 될 수 있는가?'였다. 임원들과의 간담회에서는 우려의 소리가 흘러 나왔다. 회사 설립 이후 단 한번도 M/S의 순위 변동 없이 보이지 않는 선에서 유지되어 왔으며, 이것이 안정 성장의 토대라고 했다. 자칫 우리로부터 경쟁이 시작되면 1등 기업과 3등 기업의 협공을 받아 위태로워질 수도 있다는 주장이 강했다. 부장들의 의견도 비슷했다. 지금까지 좋은 관계를 유지하고 각자의 영역에서 협력을 해왔는데 괜한 경쟁으로 인하여 관계가 깨지면 득보다 실이 클 것이라는 주장이었다. 대리급 이하의 대화에서는 우리 회사는 결코 1등이 될 수 없다는 주장이 강했다. 전략도 없고 무엇보다 경영층과 관리자들이 이겨야 한다는 의식이 없다는 것이 그들의 주장이었다. 위에서 시키는 대로 해야지 만약 다른 아이디어를 제시하면 상사에게 잘못 보이게 되어 승진은 고사하고 평가에서 하위등급을 받을 수밖에 없다고 한다.

인사팀에 지시하여 평가와 보상 그리고 승진제도를 검토해 보라고 했다. 평가는 5단계의 상대평가를 실시하고 있었다. 평가 결과가 보상에 미치는 영향은 극히 미미했다. 연봉이 8천만 원이 넘는 팀장 레벨에 있어, 가장 높은 등급의 팀장과 가장 낮은 등급의 팀장의 금액차이는 불과 200만 원 수준이었다. 승진도 평가와 무관하게 사업부장이 자신의 마음에 드는 사람을 뽑아 쓰는 보직 Draft제도를 운영하고 있었다.

김 사장은 뿌리 깊게 자리 잡고 있는 2등 주의는 결국 '자신의 정년까지는 아무 일 없이 가면 된다'는 안일한 생각에 기인하고 있음을 알게 되었다. 그 한가운데 경영층과 관리자가 있었고 그들의 현실안주의 생각이 바꾸지 않는 한, 이 회사는 서서히 망해 갈 수밖에 없음을 알게 되었다.

내가 아니면
남이 하겠지

왜 저만 이것을 해야만 합니까?

홍서진 씨는 명랑하고 낙천적인 성격을 지니고 있는 입사 2년 차 여사원이다. 출근하면 가장 먼저 하는 일이 팀 신문을 가져오는 일이다. 원두커피를 끓이고 자리에 앉아 있으면 삼삼오오 모여 정치에 관해, 스포츠에 관해, 어제 술자리에 관해 팀원들의 수다가 시작된다. 수다가 끝난 탁자에는 마시고 난 종이컵이 그대로 남아 있고 올 초에 들어온 남자 신입사원마저도 그냥 자리로 돌아간다. 인사팀이나 총무팀에서 물건을 수령하거나 팀의 공동경비에 대한 관리는 모두 홍서진 씨의 몫이다. 처음에는 신입이니까 당연히 한다고 생각했는데 아래로 신입사원을 받은 이후에도 관행은 여전히 이어지고 있었다.

수요일 아침 회의가 끝난 후, 이전과 동일하게 모든 사람들이 신문과 종이컵을 회의실에 지저분하게 펼쳐놓고 각자의 자리로 돌아갔다. 9시에 회의실에서 본부장을 모시고 회의가 예정되어 있었다. 본부장이 10분 전에 회의실에 내려와 보니 회의 준비는 되어 있지 않았다. 엉망인 회의장을 본 본부장이 팀 전원을 불러 모아 호통을 쳤다. 팀장은 홍서진 씨에게 "왜 안 치웠느냐?"고 한다. 홍서진 씨는 그동안 참고 있었던 이야기를 토로했다. "왜 저만 이것을 해야만 합니까? 저는 회의실에서 신문을 보거나 커피를 마신 적도 없고 이런 걸 치우는 것은 제 업무도 아닙니다."

'누군가 하겠지'에 회사는 망해 간다

어느 중소기업을 방문하였다. 화장실과 사무실에 표어는 '내가 먼저'이다. 그러나 공장에는 부품과 장비들이 이곳저곳에 놓여 있었고 화장실은 휴지가 지저분하고 세면대에는 물이 흥건하다. 사무실 책상은 각종 서류들이 놓여 있고 의자들은 제각각 놓여있다. 사무실의 직원들은 의식조차 하지 못한다. 왜 이렇게 정리가 안 되어 있냐고 물으면 청소하시는 아주머니가 할 일이라고 한다. 사무실에 걸려있는 '내가 먼저'라는 표어는 표어일 뿐이다.

A기업은 청소하는 아주머니가 없다. 사원들은 뒤에 사용하는 사람이 편하고 즐겁게 사용할 수 있도록 배려해야 한다는 의식

이 깊숙이 자리 잡고 있다. 세면대에는 물 한 방울이 없다. 신문은 다음 사람을 위해 가지런히 정리되어 있다. 만나는 사람마다 환한 웃음으로 인사를 나눈다. 지식사랑방의 책들도 누가 언제까지 읽겠다고 표시하고 항상 마감일 이전에 반납한다. 식당이나 공공시설은 깔끔하다. 모두가 '뒷사람을 배려한다'를 실천한다. 이 회사에는 표어가 없다. 물론 구호도 없다. 하지만 당연히 내가 먼저 해야 한다는 의식이 자리 잡고 있다. 식당에서는 "감사합니다." "맛있게 먹었습니다." 하는 음성이 끊이지 않는다.

'누군가 하겠지.'라고 생각하는 회사의 직원들은 피곤하다. 석수가 떨어졌어도 아무도 새 물통을 교환하려 하지 않는다. 무겁기 때문에 누군가 하겠지 생각한다. 화장실의 종이가 없어 낭패를 당해도 가져다 놓지 않는다. 일이 있어도 내 일이 아니면 신경 쓰지 않는다. 갑자기 떨어진 업무에 다들 무관심이다. 제발 내가 그 일을 담당하지 않기만을 고대한다. 이 사이 회사는 망해간다.

내가 지금 뭘 해야 할지
모르겠습니다

실의에 가득 찬 이 대리를 보다

퇴근시간, 멍하니 자리를 지키는 이 대리를 바라보다 곁으로 다가간다. "이 대리, 왜 그래? 어디 아픈 곳이라도 있어?" 이 대리는 깜짝 놀란 듯 아니라고 이야기한다. 2008년 금융위기 이후 사무실 분위기는 냉랭하다. 신규 투자하기로 한 프로젝트가 무산되고ㅓ118 신사업개발팀은 할 일을 잃어 버렸다. 아직도 프로젝트에 대한 미련을 버리지 못하고 있다.

서울 명문대를 졸업하고 재무팀에서 투자분석 업무를 하다가 신사업개발팀으로 자리를 옮긴 이 대리는 신규 프로젝트가 성공하면 직접 자신이 그 회사를 운영할 비전을 가지고 있었다. 자신의 미래를 걸었기에 두 달 이상을 사무실에서 숙식을 해가며 프로젝트를 진행하였다. 이 프로젝트가 무산되고 이 대리는 아무 생각도 없는 사람마냥 빈 하늘을 바라본다. 회사 내에서는 금번 조직개편에 신사업개발팀은 사업전략팀에 합병된다는 말이 무성하다.

한 팀장의 마음 역시 무겁다. 회사로부터 당분간 모든 신규사업 개발을 보류하라는 지시가 있었다. 덕택에 신사업개발팀은 미래 수종사업에 대한 연구보다는 중견기업의 M&A에 대한 연구를 하고 있다. 이 대리는 어쩔 수 없는 결정임을 알고 있지만 사업의 경중을 고려하지 않고 한 순간에 모든 프로젝트를 중지시킨 경영층의 결정에 불만이 많다. 아무리 회사가 어려워질 수 있다고 해도 미래 경쟁력의 원천이 될 사업에 대한 투자는 지속되어야 한다는 생각을 지울 수 없었다. 이 대리는 자신이 연구한 프로젝트 자료를 검토단계부터 하나하나 파일에 정리하기 시작했다. 언젠가는 이 프로젝트가 빛을 볼 날이 있을 것이라는 확신과 함께.

지금 우리는 어디를 향해 가고 있습니까?

주니어보드 의장인 민 과장은 처음으로 경영회의에 참석하여 회사의 경영현황과 대책 보고를 들었다. 회사는 경영환경 악화에 대해 기존 사업의 경쟁력 강화를 위한 영업본부의 역량을 강화함과 동시에 원가 절감을 추진한다는 내용이 대부분이었다. 이를 위해 영업 인력의 성과관리제도가 강화되었다. 월 단위 성과목표 점검을 주단위로 조정하고 본부별 하위 5% 지점에 대해서는 강도 높은 조치를 하겠다고 한다. 분기 목표를 달성하지 못하는 지점은 1번 경고, 2번 경고를 받으면 지점도산제를 실시한다고 한다. 원가 절감의 한 조치로 모든 부서의 회의비를 없애고 이면지 사용 의무화, 중식시간 소등 및 구내식당의 원가를 500원 내리는 내용이 포함되어 있었다.

질문이 있냐는 말에 민 과장은 조직 및 임직원의 사기 저하로 인하여 회사가 더욱 어려움에 처할 수 있음을 호소했다. 이러한 사안은 경영층의 일방적 결정보다는 사원들의 자발적 참여를 통한 실행이 되어야 함을 강조했다. 또한 경영회의에서는 경영환경 악화에 따른 줄이는 대책이 아닌, 위기를 기회로 미래지향적인 사고의 전환을 요구했다. 잠시 침묵이 흐르고 주니어보드는 경영회의에 참관인이지 의사결정자가 아님을 명심하라는 경영층의 주의가 있었다. 민 과장은 사원의 정서를 살피지 못하고 전체에게 영향을 주는 식사 경비와 같은 경비절감의 시행, 사원의 이야기를 들으려 하지 않는 경영층의 자세를 보며 회사의 미래는 없다는 판단을 했다. 단계별 위기극복방안을 제시하지 못하는 경영층에 대한 신뢰가 더 사라져감을 느꼈다.

새로운 것에 대한
긴장감이 없다

하면 뭘 해, 금방 그만두라고 할 것인데

천 대리가 인사팀에 배치받은 것은 12월 말이었다. 부서 송년회 등 바쁜 시기에 환영과 송년의 의미가 남다르다는 이야기와 천 대리가 왔기 때문에 내년에는 팀의 분위기가 바뀔 것을 기대한다는 이 팀장의 환영사가 솔깃했다. 년 초 목표 설정을 하면서 가장 먼저 평가 개선을 하겠다고 도전과제를 냈다. 평가 면담을 강화하고 업무를 통한 역량 육성을 바탕으로 회사 성과 창출에 기여하는 평가시스템을 만들겠다고 했다.

처음 출발은 순조로운 듯 했다. 그러나 평가 모델이 구축되고 상대등급을 하는 시점부터 주위의 저항이 시작되었다. 우리 조직은 우수한 사람들만 모여 있는데 덜 우수한 직원으로 구성된 조직과 등급 비율이 같으면 곤란하다, 직책을 맡고 있는 사원과

무직책 사원은 구분해야 한다, 똑같은 일을 하는 사람을 차등하는 것은 불가하다, 내가 더 할 수 있지만 위에서 못하게 하는데 평가 등급을 내는 것은 말도 안 된다 등 많은 튿만들이 쏟아져 나왔다.

천 대리는 예상한 일이라고 생각하고 밀어 붙였다. 조직장의 반대에도 불구하고 평가 결과에 따른 인센티브 보상의 차등을 최고와 최저 5%에서 30%로 확대하였다. 같은 일을 하면서도 성과급의 차이가 크다 보니 현장에서의 불만이 끊이지 않았다. 결국 경영층에서 직접 개입하는 사태가 발생하였다. 현장에서 요구하는 차등의 범위는 10%였다. 천 대리는 타 회사의 사례를 들어 우리 회사에 성과주의 문화가 정착되고 성과를 키우는 노력을 하기 위해서는 최소 30% 주장을 거듭하였다.

결국 천 대리와 이 팀장은 인사팀에서 교육팀으로 자리를 옮기게 되었다. 후임으로 오게 된 서 대리의 생각도 천 대리와 동일하였다. 그는 천대리가 어떠한 불이익을 받았는가도 잘 알고 있었다. 그러나 회사를 위한 일은 소신 있게 해야 한다는 생각으로 현장의 10%보다 수준이 높은 25% 수준의 협상안을 제시하였다. 경영층의 반응은 냉랭했다. 금방 그만 둘 길에 왜 그렇게 시간과 노력을 허비하냐는 질책과 함께 10% 선에서 끝내라는 지시가 있었다. 새로운 팀장은 경영층의 지시를 서 대리에게 어떻게 전달하고 실행하게 할까 고민하고 있다.

누군가는 하겠지 하며 기다리는 사람들

도전에 대한 실패가 용인되지 않는 문화 속에서 새로운 시도는 있을 수 없다. 조 과장은 제안 제도를 통해 신시장 개척을 주장하였다. 경영층에서는 개선 효과가 크겠다고 칭찬하며 일명 A 프로젝트라는 명칭으로 비밀리에 진행하였다.

그러나 프로젝트 수행 중 경제 환경이 악화되었다. 처음에는 회사의 미래수종 사업이라고 극찬한 경영층이 하나둘 발을 빼더니 결국 그 어떠한 예산 지원이 없게 되었다. 실험을 할 경비가 없고 투입된 인력도 하나둘 빠져나가 결국 이 프로젝트는 중간에 포기할 수밖에 없게 되었다.

회사는 이 어려운 상황에 많은 비용을 투입한 프로젝트가 실패했다고 책임자인 조 과장을 징계위원회에 회부하였다. 아무리 자신이 잘못한 것이 없다고 해도 소용이 없었다. 결국 6개월 감봉 처분을 받은 조 과장을 바라보는 구성원들은 대형 프로젝트의 제안은 물론, 멤버로 참여하는 것 자체를 경계하게 되었다. 그들은 누군가 프로젝트를 할 테니 자신들은 지금까지 진행해 온 자료 분석 단계의 일을 하면 될 뿐, 그 이상의 일을 하려 하지 않았다.

이 방향이 아니다 싶어도
무조건 해야 한다

이 과제에 투입된 비용이 얼마인 줄 알기나 해

구 과장이 A과제에 투입된 것은 벌써 6개월이다. 중장기 과제로 추진되는 이 과제는 회사의 분야별 전문가뿐만 아니라 최초로 외부 전문가 2명의 자문을 받아가며 추진하는 대형 과제이다. 과제는 2명의 전문가의 제안서에 따라 회사 전문가 6명이 자료를 수집하고 분석하면 전문가들이 방향을 제시해 주는 방식으로 진행되었다.

전문가들은 업계 초일류 기업들의 자료를 요구하였고 회사 구성원들은 회사 상황에 맞는 현실적인 자료가 수집되고 분석되길 요구했다. 전문가들은 Catch up(따라잡기) 전략을 중요성을 강조하며, 매출과 이익에 있어 천문학적인 차이를 보이는 세계 초일류 경쟁업체의 자료를 수집하여 비교하라고 요구했다. 어렵게 자료를 구해 비교하려고 보니 비교 대상이 되지 않았다. 사업의 규모나 글로벌 시장에서의 지위 등 비교 자체가 되지 않았다. 그들의 사업, 재무, 인사, 영업, 구매 전략은 글로벌 시장에 초점이 맞추어져 있었다. 그러나 구 과장의 회사는 국내에서도 2위를 유지하기도 어려운 위치에 있는 내수 중심의 회사였다. 하지만 사장은 유능한 외부 교수 출신의 전문가들을 신뢰하여 그 결과를 몹시 기대하고 있었다.

구 과장은 본부장을 찾아가 두 전문가들이 추진하고 있는 방향과 전략은 우리 실정과 맞지 않는다고 이야기를 했다. 본부장은 사장의 관심과 두 전문가에게 투자된 비용을 이야기하며 그들의 작업과 내부 작업을 병행해서 하라고 한다. 같은 과제를 방향이 다르게 진행하라는 지시이다. 동시 진행은 어렵다고 이야기하고, 대신 그룹을 둘로 나누어 한 그룹은 전문가와 함께, 다른 그룹은 내부 자료를 중심으로 자체 전략을 수립하겠다고 했다. 본부장의 입장은 단호하였다. 구 과장이 프로젝트 리더인 만큼 두 전문가와 함께 프로젝트를 끝내라고 한다. 8명이 6개월 연구했으면 이제 결과를 제시해야 한다는 요청과 함께.

사장님 지시사항이란 말이다

김 부장은 본부장과의 미팅 후에 심기가 불편하다. 경쟁사들은 모두 네트워크 강화전략을 구사하는데 전통적인 방문 영업전략을 강화하라는 지시가 있었다. 점주를 찾아다니며 그들과의 유대관계를 지속하고 우리 제품을 전시대 앞에 진열하라는 내용이다. TV와 신문 광고는 효과는 높지만 비용 역시 높아 회사 형편상 어려운 만큼, 영업사원들이 더 열심히 점주들을 만나 설득하고 좋은 관계를 맺으라고 한다. 영업활동에 필요한 지원이 더 이루어지지도 않다 보니 영업사원들의 불만이 눈에 선하다.

김 부장은 젊은 층을 공략하기 위한 인터넷, 학교 주변의 주차장 광고, 대형 건물이 밀접한 특수 상권에 집중 홍보 등을 건의하였으나 무산되었다. 전국의 영업사원들이 더 열심히 뛰라는 말만 있을 뿐이었다. 김 부장은 자리에 돌아와 어떻게 열심히 뛰도록 할 것인가를 고민했다. 무조건 점주들을 찾아가 우리 제품 앞에 진열하고 많이 팔아달라고 요청할 수 없지 않은가? 지난달에 비해 5% 가량 매출도 빠지고 경쟁사와의 간격은 갈수록 벌어지고 있는 상황이다.

최근 정보에 의하면 경쟁사는 신제품 출시를 앞두고 우량 점주를 호텔로 초청하여 출시기념회를 한다고 한다. 언론매체를 통한 대대적인 광고도 준비하고 있다고 한다. 다음 달 매출하락이 불 보듯 뻔하게 예상되는데, 점주와의 관계 강화란 지시가 이해되지 않았다. 몇 차례 망설이다가 본부장을 찾아가 경쟁사 동향을 이야기하며 곤란하다고 하자, 그저 사장님 지시사항이라고만 한다.

뒤가 무서워 할 말을 못한다

김 대리는 최근 매우 곤욕스러운 일을 경험했다. 빌딩 내 여사원을 위한 육아시설을 마련하자는 제안에 대해 김 대리는 경제성을 들어 반대했다. 여사원 인원도 적을 뿐 아니라 육아를 하는 여사원은 20명도 안 되며 육아시설 운영에 따른 인력과 비용도 만만치 않고 사고가 있으면 회사의 이미지 실추로 이어질 수 있다는 등의 발언을 했다. 대부분 공감을 했으나 육아의 어려움을 모르는 남자들만의 주장이라는 비판도 있었다. 운영하고 있는 타사의 상황을 벤치마킹하고 결정하자는 의견에 동의하고 회의를 마쳤다.

이틀이 지난 후 여사원회에서 김 대리를 불렀다. 여사원을 무시하고 있지도 않은 사고를 이유로 권익을 포기하게 만들었다며 혹독하게 비난한다. 같은 사업부의 여사원들도 인사를 받아주지 않는다. 한 순간에 외딴 섬에 떨어진 느낌이 들었다. 여기저기서 김 대리가 유흥가에 출입한다는 소문이 돌고 급기야 사업부장에게 호출되게 되었다. 자신에게 유리하면 그냥 넘어가고 불리하면 갖은 방법으로 괴롭히는 문화. 무엇보다도 회의장에서 했던 이야기가 전 직원에게 회자되는 문화가 무서워졌다. 어느 순간 김 대리는 회의가 아닌 회식에서조차 말을 하지 않는 망부석이 되었다.

생존이 최고

자네 가족을 먼저 생각하게

40대 남성 직장인에게 미래의 꿈을 물으면 결례라고 한다. 어느 순간 직장생활을 하면서 꿈이 사라졌다고 한다.

신입사원 교육을 하면서 직장생활의 꿈이 무엇이냐고 적으라고 하면 대부분 CEO이다. 일부 직장에서 임원까지 하다가 개인사업을 하겠다는 글을 남기는 사원도 있다. 그들 중 누구도 최대한 정년까지 직장생활을 하겠다는 사람은 없다. 5년만 지나면 외부시장에 나가는 것을 두려워한다. 한 직장에서 여러 일을 하다 보니 익숙해 진 부분도 있지만 새로운 직장에 도전하겠다는 의지가 사라진다. 10년 이상이 되면 직장인이 되어 버린다. 이미 임원이 되기는 어렵다는 생각이 든다. 그렇다고 다른 일을 하기에는 시기를 놓쳐버렸다고 스스로 결정해 버린다. 머물 수밖에 없으니 이 직장에서 뼈를 묻는다고 다짐한다. 임원이 아닌 다음에는 주어진 일을 수행하면서 정년까지 갈 것에 대해 걱정을 한다.

이런 즈음에 미래의 꿈이 무엇이냐는 질문을 받으면 답답해진다. 이미 오래 전에 경영자가 되겠다는 허황된 꿈은 접었다. 이제 남은 것 하나가 있다. 그것은 '내 자식들이 좋은 대학 들어가고, 졸업 후 좋은 직장에 입사하여 훌륭한 배우자 만나 행복하게 살도록 지원해 주는 일'이다.

이들은 무리한 도전을 하지 않는다. 아니 할 수가 없다. 도전하다가 실패하면 오래 근무해야 하는 자신의 목표에 차질이 생긴다. 그렇다고 창업으로 눈을 돌릴 수도 없다. 자식교육과 생활비 등으로 저축해 놓은 것이 없다. 이들에게 남은 것은 매달 꼬박꼬박 월급을 주는 회사뿐이다. 오래 남아야 하기에 그들은 조직의 분위기에 민감하다. 결코 앞에서 선동하지 않는다. 잘 나가는 경영자, 관리자에게는 철저하게 고개를 숙인다. 동료와 후배 관계에 있어서는 좋은 사람이라는 이미지 유지에 민감하다. 회의, 교육과 공식 행사 등에서 자신의 존재감을 들어내는 일이 없다. 아무 말 없이 자리를 지킬 뿐이다.

어느 날 김 과장은 복지부동하는 자신을 보고 자신이 원하던 모습이 아니라는 생각이 들었다. 비록 늦은 감이 있지만 대학생부터 갈망한 미국에서의 석사 과정을 마치고 자신이 해 보고 싶은 교육사업에 뛰어들겠다는 생각을 갖게 되었다. 여러 고민 사항이 많아 선배인 이 부장을 찾아갔다. 이 부장의 첫마디는 "자네, 가족부터 먼저 생각하게."였다. 김 과장은 자신의 나이가 40이며 아내는 전업주부, 초등학교에 다니는 두 아들이 있다는 점을 상기했다. 10년 후를 그려본다. 일이 잘 풀리면 미국에서 학위를 받고 서너 개의 교육 프로그램을 중심으로 리더십 등의 한 분야에서 각광받는 전문가로 우뚝 서 있을 것이다. 최악의 시나리오는 미국에서 학위를 받지도 못하고 전업주부인 아내의 지속되는 잔소리를 들으며, 아이들은 대학진학의 꿈을 포기하는 것이다. 더군다나 시골에 계시는 부모님은 건강이 좋지 않다. 재입사하기에는 나이가 가장 큰 제약요인이 된다. 월 200만 원 준다는 곳도 많지 않다.

이런저런 생각 끝에 김 과장은 해외대학에서 학위과정을 하겠다는 자신의 꿈을 조용히 내려놓는다. 용기가 없다. 갈수록 김 과장은 도전도 아이디어도 열정도 없이 주어진 업무만 수행하는 자신의 모습이 한심스러우면서도 수용해 간다.

윗사람에게
깨지지만 않으면 된다

복지부동한 직원을 만든 이 상무

명랑하며 열심히 일하기로 정평이 나있는 김 과장의 고민은 임원인 이 상무와의 관계이다. 항상 긍정적이며 사람 만나기를 좋아하지만 어떻게 된 일인지 이 상무 앞에만 서던 주눅이 든다. 말을 제대로 하지 못하고 자신이 생각해도 논리가 맞지 않는다. 보고 전에 충분히 연습하지만 보고 순간에는 아무 것도 생각이 나지 않는다.

이러한 김 과장을 바라보는 이 상무는 올바른 코고 방법을 가르쳐 주겠다는 생각으로 매번 틀린 것을 지적한다. 같은 실수를 반복하면 소리를 높여 질책하며 지적하다 보니 김 과장은 더욱 움츠려진다. 어느 순간 김 과장은 이 상무에게 혼나는 것이 싫어 보고를 기피하고 웬만한 보고는 전부 조 부장에게 하게끔 요청했다. 김 과장은 언젠가는 이 상무가 다른 부서로 갈 것이니 그때까지만 참자는 심정으로 오늘도 가능한 보고 사안을 작성하지 않는다. 분명 보고할 내용이지만 애써 축소하여 조 부장 선에서 마무리되게 한다.

처음에는 조 부장도 이러한 김 과장의 자세에 대해 조언을 해 주었지만 생각보다 이 상무가 심한 질책을 하는 것을 보며 김 과장을 두둔하게 되었다. 정 대리도 오하나 사원도 이 상무에게 보고를 기피하다 보니 사무실 분위기는 이 상무에게 깨지지 않으려는 무기력한 모습만 보인다. 과감하게 일을 도전하려 하지 않고 잘못된 일은 숨기기에 급급하다. 문제는 이 상황에 대해 아무도 해결하려고 하지 않는다.

성과보다는 관계가 중요하다

50년 역사를 자랑하는 A제조회사는 안정적 사업구조와 높은 급여 및 복리후생으로 직원들의 퇴직이 없다. 한번 입사하면 끝까지 간다는 전통이 있어 공채로 합격한 후배들은 선배들에게 항상 예의를 지킨다. 이 회사에서는 일을 잘 못한다는 인식보다는 버릇없다는 평이 돌면 근무하기가 어렵다. 소문은 매우 신속하게 전파되며 비록 그 소문이 증거도 없다 할지라도 그 대상자는 도덕적 치명상을 입게 된다. 이런 이유로 이 회사에서는 9명의 친구보다는 1명의 원수를 만들지 않는 데 신경을 쓴다. 절대로 남의 일에 간섭하려 하지 않고 항상 '좋은 것이 좋다'는 문화가 팽배하다.

조직 내에서 승진하는 사람을 보면 어떻게 해야 승진하는가를 알 수 있다. 이 회사에서는 임원이 되기 위해서는 다면평가를 한다. 다면평가에서 상사, 후배, 동료로부터 모두 좋은 평판을 얻어야 한다. 어느 그룹에서 부정적 피드백을 받으면 임원이 되기가 어렵다.

매우 혁신적이고 도전적인 정 부장이 임원이 되지 않은 이유는 후배들의 반대였기 때문이라는 소문이 자자하다. 부장일 때도 피곤한데 임원이 되면 얼마나 더 피곤하겠느냐는 생각으로 다소 우유부단한 김 부장에게 좋은 평가를 했다고 한다. 김 부장은 상사에 대해서는 '예스맨'이다. 지시가 떨어지기가 무섭게 실행을 한다. 과감해야 하거나 중요한 의사결정에는 시간이 걸리는 단점이 있으나 후배들과 늘 술을 함께하며 관계를 돈독히 하는 일에는 매우 뛰어나다.

혁신본부의 서 부사장과 코드가 잘 맞는 정 부장은 꼼꼼하고 치밀한 재무본부의 성 부사장과는 항상 다툼이 있다. 그런데 금번 사장 인사에 성 부사장이 승진했다. 김 부장은 성 부사장의 오른팔이다. 금번 서 부사장과 정 부장은 퇴직할 것이라는 소문이 있다.

실패는
죽음이다

우리 회사는 실패를 용인하지 않는다

김 사원은 요즘 일이 즐겁다. 신입사원 입문 교육 때 자신이 제안한 신사업 아이디어의 PMproject manager이 되어 업무를 추진하고 있다. 김 사원 밑으로 고참 대리와 선배 3명이 한 팀이 되어 프로젝트를 추진한다.

사업 아이디어를 제안하였지만 신입사원이 PM이 된 것은 이 회사 창립 이후에 처음 있는 일이었다. 신사업 담당 임원의 강력한 추천도 있었지만 기업문화 측면도 고려가 되었다. 프로젝트 멤버 각자에게 신사업 담당 임원과 인사담당 임원의 간곡한 부탁도 여러 번 있었다. 신입사원이 팀장이라고 무시하지 말고 회사 현황과 사람들을 가르쳐 주면서 금번 신사업 프로젝트가 성공하도록 만전을 기해 달라고 한다.

처음 출발은 좌충우돌하는 김 팀장의 업무 추진에 기존 선배들이 당황해 하였다. 하지만 점차 김 팀장이 회사 분위기를 알고 사람을 접하다 보니 업무 추진도 차분해졌고 멤버들도 신사업 아이디어가 구체화되어 갈수록 업무에 재미를 느껴 나갔다. 그러던 어느 날, 프로젝트 추진 과정에서 심각한 장애가 발생하였다. 현재의 기술로는 해결하기 어려운 과제였기에 멤버들은 다른 방법들을 고민해 봤지만 뚜렷한 해답이 보이지 않아 답보상태에 놓이게 되었다. 승진을 눈앞에 둔 김 대리는 고민이 많아졌다. 회사는 지금까지 실패한 프로젝트 멤버들을 가만 둔 적이 없었다. 징계위원회까지 열어 감봉 이상의 중징계를 내렸기 때문이다.

김 팀장은 핵심기술을 보유하고 있는 미국 A기업 담당자에게 수많은 메일을 보냈으나, 응답이 없었다. 수차례의 전화 통화 끝에 와서 이야기해보자는 대답을 얻어냈다. 김 팀장은 프로젝트의 진척을 위해 이 회사의 기술이 필요하며 이를 위해 미국 출장을 신청하였지만 거절되었다. 핵심기술을 주지도 않을 뿐 아니라 미팅이 확정된 것도 아니라는 이유였다. 더욱 실망스러운 것은 현 단계에서 프로젝트를 마감하는 절차를 밟으라는 지시가 있었다. 더 진행한다 하여 프로젝트가 성공한다는 보장도 없고 인원 및 비용문제가 대두되면 임원인 자신도 책임을 면하기 어렵다고 한다. 김 팀장은 미국 출장 후에 결정하면 안 되겠냐고 건의했지만 해외 출장은 CEO 보고사항이며, 다녀왔는데도 결과가 없으면 책임을 면치 못한다고 한다. 김 팀장은 신사업 아이디어 하나만 믿고 함께 고생해 온 선배 멤버들의 얼굴을 떠올렸다.

결국 프로젝트는 무산되었다. 회사에서는 철없는 신입사원을 팀장을 시켜 무모하게 업무를 추진했다고 신사업 담당 임원의 경질이 대두되었다. 이 일을 가장 적극적으로 추진하는 사람은 다름 아닌 인사담당 임원이었다. 김 사원은 신입사원이라는 이유로 별다른 징계를 받지 않았다. 그러나 멤버였던 김 대리는 과장 승진에서 탈락되었고 다른 멤버들도 원 소속으로의 복귀가 이루어지지 않았다. 프로젝트에 대한 실패 원인 분석과 그동안의 자료에 대한 관리에 대해서는 한마디 말이 없었다. 모두가 이 프로젝트에 대해서는 쉬쉬하는 분위기가 조성되었다. 김 사원은 더 이상 이 회사에 정을 느낄 수 없었다. 지난 5개월 동안 밤낮으로 일했던 추억들을 가슴에 담고 함께 고생했던 선배 멤버들을 한 명 한 명 만난 후, 퇴직을 신청했다.

당신 일이 아니면 신경 쓰지 마세요

경영전략회의가 있었다. 각 본부장들은 본부의 3개년 계획에 대해 발표하였다. 생산본부, 영업본부에 이어 연구개발본부의 발표가 이어졌다. 전략본부장인 김 전무는 생산, 영업, R&D 본부의 중장기 전략이 연계되지 않고 따로 따로 추진됨을 느낄 수 있었다. 핵심과제라고 선정된 것은 회사의 미래 방향과 일치하지 않았다. 사업을 이끌어가는 방향은 있지만 어떻게 이끌 것인가에 대한 실천 방안은 없었다.

김 전무는 각 본부 간의 연계가 되어 있지 않고 무엇보다 어떻게 실천해 나갈 것인지에 대한 방안들이 부족하다고 지적했다. 순간 회의장 분위기가 조용해졌다. 10초 이상의 침묵이 흐르고 본부장 중에 가장 연배가 높은 이 부사장이 한마디 하였다. "각 본부 간의 연계가 부족한 것은 조정해 나가도록 하겠소. 그러나 각 본부의 3개년 계획은 본부장의 권한과 책임입니다. 맡겼으면 믿기 바라오. 여기 있는 본부장들은 다 회사에 대한 이해와 충성심이 강하고 업무 전문가인 만큼 잘 이끌 것이라 믿소." 심하게는 이야기하지 않았으나 각 본부의 계획에 대해 본부장들에게 맡기고 너는 너의 일이나 하라는 분위기였다.

김 전략본부장은 회사는 3년 후 사업구조를 이렇게 성장시켜 나갈 계획이며 이를 위해서는 확대·신설되는 사업구조에 맞는 핵심역량과 이를 갖춘 인재가 필요한데 각 본부의 3개년 계획에는 이 부분이 빠져 있다고 지적했다. 타 본부장들은 "그것은 인사팀에서 지원해줘야 할 일이다. 우리는 사업전략을 수립하고 이를 행하기도 바쁘다. 사람과 역량 문제는 인사부서가 챙겨줘야 하는 일 아닌가?" 하며 인사부서를 압박한다. 회장 직속조직으로 부장급인 인사담당은 전략본부장의 의견에 동의하지만 타 본부장의 의견에 반박할 수가 없었다.

마케팅을 담당하는 구 상무는 회사의 부장 교육에 불만이 많다. 바쁜 업무시간을 빼어 연수원에 교육을 보내면 뭔가 변해 와야 하는데 놀고 온 듯한 느낌이다. 실제 프로그램도 강의의 연속이다. 지겹게 강의만 듣다 보니 무엇을 느끼고 고민하고 실천할 것인가 찾아보기 힘들었다. 토론의 시간도 있었지만 결과가 구성원들에게 공유된 적이 없다. 교육 후에는 저녁시간에 친목을 도모한다는 이유로 소주까지 마시게 한다.

 교육을 마친 2명의 부장에게 직원들에게 교육내용과 시사점을 발표하라고 지시했다. 그러자 발표할 정도로 배운 것이 없다고 한다. 이러한 내용들을 정리하고 회사의 부장교육을 한 단계 발전시키기 위해서는 타 기업을 방문하여 시사점을 찾고 우리 회사 고유의 부장교육 프로그램을 가져가야 한다고 연수원에 메일로 보냈다. 연수원장의 답변은 구 상무를 크게 실망시켰다. "부장교육은 우리 연수원의 매우 중요한 과정이며 다양한 의견과 벤치마킹을 통해 다 반영하고 있다. 그리고 과정에 대한 방향과 운영은 연수원의 소관이니 개선 의견을 주는 것은 좋으나 현실적으로 도움 되는 내용만 보내 달라."고 한다. 자신의 일에 간섭하지 말라는 무언의 경고였다.

PART

4

일방적이고
획일화된
인사제도

선발과
승진

능력보다 처신이 우선이 된 승진

매년 12월이면 임원들은 초긴장 상태가 된다. 승진하는 사람도 있지만 퇴직하는 사람도 적지 않기 때문이다. 사원의 입장에서 보면 퇴직하는 임원은 공표가 되지 않기 때문에 당장은 큰 충격을 받지 않는다. 그러나 승진하는 임원의 경우에는 전 직원에게 공유되기 때문에 누가 신규 임원이 되고 누가 승진했느냐는 조직문화와 구성원 인식에 많은 영향을 끼치게 된다.

보다 넓은 사고를 바탕으로 큰 그림을 그릴 줄 아는 팀장이 임원이 되면 당연히 될 사람이 되었다고 생각한다. 합리적이고 전략적인 의사결정을 하고 자신의 결정에 책임을 지는 솔선수범형 팀장이 임원이 되면, 회사의 사람 보는 눈이 정확하다고 한다. 넓은 외부 네트워크를 보유하고 소신 있게 자사의 제품을 소개하며 자신의 분야에서 최고의 경지에 오른 팀장이 임원이 되면, 상사의 눈치에 의존하기보다는 성과 중심의 문화를 구축해 나갈 것이다. 반면에 자신의 의사결정이 없고 상사 눈치를 보기에 급급한 사람이 임원이 되면, 회사는 특별한 사유가 없는 한 갈수록 어려워질 것이다.

정 상무의 별명은 무 대리이다. 아무 생각이 없기 때문이다. 사장에게서 받은 지시사항은 곧 바로 팀장에게 전하며 언제까지 보고하라고 한다. 단 한 번도 자신의 입으로 방향을 제시해 주거나 함께 작성해 보자는 말이 없다. 오죽하면 징검다리라고 한다. 정 상무가 가장 잘하는 것은 사내 정치이다. 임원들의 회식에 빠진 적이 없다. 특히 회장이 참석하는 모임에 배석하기 위해 많은 노력을 했다. 직원들 앞에서는 웃음이 없는 정 상무이지만 임원 모임이나 사장과의 미팅에서는 큰 소리로 웃는다. 타 부서 사람들은 저렇게 호탕한 분과 함께 근무하니 얼마나 행복하냐고 부러워한다.

보고는 철저하게 혼자 담당한다. 무슨 말을 어떻게 전했는지 모른다. 결과에 대한 통보를 안 해주는 경우가 많다. 상황이 이러다 보니 보고를 올리고 2일 정도 지나면 반드시 확인한다. 그때마다 조금 더 기다리라고 한다. 무엇을 얼마나 더 기다려야 하는지 모른다. 결정해야 할 순간이 임박하여 부탁하면 그 보고서를 다시 가져오라고 한다.

이러한 정 상무가 금번 상무 중에서 가장 빨리 전무로 승진했다. 직원들은 당혹감을 금치 못했다. 이제 전무가 되었으니 얼마나 거만하고 업무 수행하기가 더 힘들어질까 고민 중이다. 더불어 업무만 잘해서는 절대 승진할 수 없다는 문화를 심어 주었다.

아니 임원이 맞긴 한 거야?

이번에 새로 공장장으로 승진 발령이 난 엄 전무 때문에 공장은 말이 많다. 부임하자마자 3대 혁신안을 발표하였다. 모든 서류는 1페이지로 보고하고 매일 아침 출근 시간 1시간 전인 8시에 관리자 미팅을 하며, 저녁 회식은 각자 비용으로 한다고 선언하였다.

1페이지가 넘는 서류는 그대로 바닥에 던져 버렸다. 결재를 받으러 온 관리자의 당혹한 모습을 보며, 1페이지로 줄이라는 말만 던진다. 8시 미팅은 온갖 질문이 쏟아진다. 평소 현황을 모르는 관리자에게는 "그것도 모르고 무슨 관리자냐." 호통이 이어진다. 직원의 인적 사항에 대한 질문은 필수 항목이다. 어제 김 사원을 만났다면 부서장에게 김 사원에 대해 묻는다. 엄 전무가 알고 있는 것은 홀어머니를 모시고 살고 있다는 사실 하나이다. 관리자가 이 대답이 없으면 그는 무능한 관리자가 된다. 현장을 방문하여 표어나 사진을 봤다면 이를 반드시 물어본다. 대답 못하면 현장경영을 못하는 관리자가 된다. 자연히 공장장이 어제 어디에 갔고 누구를 만났느냐가 관리자들의 주 관심사이다. 직원들 간에도 자신의 돈으로 저녁을 먹고 소주를 한 잔 해야 하기 때문에 정의 문화가 어느 순간 사라지게 되었다. 누구나 자기 호주머니에서 돈을 내어 저녁을 사기에는 어려움이 있기 때문이다.

어느 날, 엄 전무가 한 관리자에게 어제 현장에서 일어난 주요 이슈 3가지를 대라고 했다. 특별한 이슈가 없다고 하자 생각과 고민을 하지 않는다며 불호령이 떨어졌다. 이 날 이후로 모든 관리자는 일일보고를 받는다. 현장의 주요 분위기와 누가 무슨 이야기를 했는가를 일일 보고에 적게 하였다. 한 부서에서 이렇게 실시하자 모든 부서가 이를 따라 하게 되었고 자연스럽게 모든 부서는 일일보고를 하게 되었다. 누가 휴게실에서 회사에 관해 무슨 이야기를 하면 일일보고에 기록되었다. 공장은 급속히 대화가 줄고 업무에만 몰입하게 되었다. 웃음을 사라진 지 오래고 자신이 신뢰할 수 있는 한 명 이외에는 절대 만나지 않았다.

이런 엄 전무가 1년 후 부사장으로 승진하였다. 공장의 조직 문화를 공포분위기로 만들었지만 이것이 불평불만 없이 업무에 매진하고 있다고 보고된다. 공장장이 무슨 이야기를 하면 바로 실행된다. 안 된다는 말을 할 수가 없다. 자신은 새벽까지 술을 마시고도 사무실에 들어가 못 다한 일을 보고했는데, 요즘 사원들은 일을 끝내지도 않고 무슨 Work & Life balance를 주장하며 퇴근해 버린다고 한심해 한다. 자기는 임원이 되기 전에는 휴가라는 것을 가본 적이 없다며 휴가 가는 관리자어게 강조한다.

공장의 구성원들은 이것도 우리의 운명이라며 엄 전무가 어서 다른 조직으로 발령이 나기를 속으로 기원한다.

아랫물을 보면
윗물을 안다

눈치만 보는 팀원들

회사는 국내 1위 기업이 되기 위해 매출과 수익 30% 향상을 비전으로 내세웠다. CEO는 각 사업부장들에게 30% 향상을 위한 전략을 세워 2주 이내로 제출하라고 했다. 각 사업부장들은 소속 임원회의를 개최하고 각 사업부의 기획팀장들은 바쁘게 안을 만들었다. 기획안을 만드는 팀장과 팀원은 계획의 실행은 뒷전이고 오직 안을 만드는 데에만 집중했다. 전략은 없고 현재의 사업구조에서 수치만 30% 향상이 되게끔 포장했다.

5개 사업본부의 사업계획이 작성되는 동안, 지원부문은 경비절감계획을 수립하였다. 30% 경비절감을 목적으로 에너지 절약뿐 아니라 불요불급한 경비를 모두 없애는 작업을 시작하였다. 무료로 제공되던 중식도 직원들에게 2,000원씩 받기로 했다. 사무실의 등을 1/3로 절약했고 이면지 사용 등을 장려했다. 2단계로 회식비와 교육비를 줄이고 임금동결과 신입사원 및 임원의 급여를 10% 줄였다. 3단계는 10월까지 30%가 되지 않는다면 인원감축을 감행하겠다고 선언하였다.

이러한 계획이 실무 선에서 작성되는 동안, 임원들은 별다른 움직임이 없었다. 2주일 후, CEO주관의 임원회의가 개최되었다. 각 사업부서의 기획팀장이 발표를 시작했다. 모두가 30% 향상을 위해 매출과 수익을 늘리겠다는 내용이었다. 이를 위해 설비와 인원을 늘려야 한다는 내용이 대부분이었다. 그러나 지원본부는 줄이겠다는 내용이었다. 낮은 성과를 보이던 R&D 사업부도 인원을 대폭 늘려 현재 추진 중인 신사업의 조기 사업화를 하겠다고 주장하였다. 신사업부에서는 현재의 자금력을 바탕으로 적극적인 M&A를 추진해 나가겠다고 발표하였다.

안을 작성한 기획팀의 실무자들은 이 안이 실효성이 없음을 누구보다 잘 알고 있다. 우선 1년 이내에 각 사업부 단위의 기존 사업구조로는 숫자뿐인 30%일지라도 달성 불가학을 너무나 잘 알고 있었다. 10년간의 매출 신장이 3%가 안 되며 국내 시장에서의 시장점유율이 10년 넘게 답보 상태에서 30%란 숫자는 허구인 것이다. 하지만 CEO가 지시하고 임원의 요구에 짧은 기간 안에 보고서를 작성할 수밖에 없었다. 그들은 개출 신장을 위해 할 일은 자신이 작성한 보고서 내용이 아닌, 이익 없는 사업을 정리하고 신사업과 적극적 해외 진출밖에 대안이 없음을 알고 있었다. 그러나 기존 사업의 정리에는 조직과 인원 감축이 뒤따른다. 이들 역시 안정을 추구했을 뿐이다.

CEO는 전략기획부장에 각 사업부의 안을 정리하여 전사 차원의 안을 만들어 제출하라는 지시를 내렸다. 의사결정이 되지 않는 동안에 지원부서의 경비절감 활동으로 인하여 구성원의 불만은 더해갔지만 아무도 말하는 사람은 없다. 회사는 누군가 이끌어주겠지 하는 기대감만 가질 뿐 실행하는 사람은 없다. 아랫사람들의 눈치 보기는 심해지고 직원들 간에 소주 한잔 하는 문화는 언제부터인가 사라졌다. 물론 임원들 간에 협의가 없는 것은 이미 오래 전 일이다.

너무 늙어버린
신임 임원

매년 12월이면 임원과 팀장인사가 있다. 누가 임원이 될 것이냐는 궁금함보다는 누가 팀장이 되느냐에 더 관심이 많다. 임원이 되는 사람은 어느 정도 정해져 있다. 선임 본부의 선임 팀장이 대부분 임원이 된다. 신임 임원의 연령은 통상적으로 53세이다. 지금까지 입사 년차를 뛰어 넘어 임원이 된 사람은 없다. 기존 임원 중에 퇴직하는 사람이 있으면 당연하게 선임 본부의 선임 팀장이 임원이 되어 퇴임자의 자리를 승계한다. 선임 팀장의 자리에는 그 다음 순번의 팀장이 이동한다.

이런 승진이라도 회사 내에서는 능력을 인정받아 발탁된 승진만큼이나 축하해 준다. 발탁 승진의 개념이 없다. 발탁이 되면 주위의 견제로 견딜 수 없는 문화이다. 이러다 보니 신임 임원보다는 신임 팀장이 누가 되느냐가 관심이다. 신임 팀장은 가끔 부장이 아닌 차장 선에서 임명되는 경우가 있다. 사업부 내에 역량이나 성과가 떨어지는 부장보다는 똑똑한 차장 중에 팀장을 선임하는 사업부장이 있다. 차장에서 팀장이 된 사람들은 조직 내 선배 관리에 많은 애로사항을 호소한다.

신임 임원들은 입사부터 약 30년 가까이 한 회사 일을 하다 보니 회사 전 사업 및 인원에 대해 해박하다. 누가 어떻게 성장해 왔고 장점이 무엇이고 어떤 단점이 있는가에 대해 다 알고 있다. 한 분야에서만 근무하면 승진할 수 없는 독특한 회사 문화로 인하여 대부분 3년 단위로 직무 순환을 하면서 승진했다. 생산, 영업 및 지원부서의 일까지 다 경험했다. 근무를 하면서 문제가 생기면 승진이 안 되기 때문에 안정이 가장 중요한 원칙이다. 직원들의 평판도 매우 중요하다. 관리자로의 승진에 있어서는 직원들의 평판에 대해 모니터링을 하고 이를 반영하기 때문에 모든 직원에게 매너가 좋다. 소리 내며 화내는 상사가 없다.

파격적이며 도전적인 업무를 추진할 이유도 없다. 평소 해오던 일들을 문제없이 처리하기만 하면 되었다. 임원이 되어도 도전적인 일을 할 수가 없다. 그런 일을 해오지 않았기 때문이다. 또한 60세 정년까지 무사히 가야 한다는 생각이 강하기 때문에 도전적인 일보다는 관계를 더욱 중요시 생각한다. 오래 근무하기 위해 무엇이 중요한가를 너무나 잘 알고 있다.

회사의 CEO는 점차 신임 임원의 연령을 낮추어 40대 중간에 신임 임원이 되도록 인사팀에 지시하였다. ㅎ-지만 인사팀의 보고서는 부정적 이야기만 즐비하였다. 사업의 특성과 구성원의 인식, 팀워크를 중시하는 문화 등으로 인하여 젊은 신임 임원이 조직을 장악할 수 없어 갈등을 초래하고 성과가 낮아질 것이라는 우려뿐이었다. CEO는 자신과 함께 반평생 회사만 생각하고 생활해온 그들을 내보낸다는 것이 쉽지 않ㄷ-고 판단했지만 더 이상 도전하지 않고 안주하려 하는 임원들의 모습에서 미래를 기대하기는 힘들었다. CEO는 내부에서 인재를 발탁해 이끌어가기에는 한계가 있다고 판단하고 젊은 외부 임원을 영입하여 회사의 분위기를 바꿔 나갈 생각을 해 본다.

우리에게
인사 기준이 있기는 해?

이번 CEO가 지나면 다음 CEO에게 승부하면 되거든

매년 임원인사가 있으면 희비가 엇갈린다. 잘나가던 김 전무가 한 순간에 한직으로 물러나고 한직에 있던 이 전무가 핵심부서로 자리를 옮긴다. 음지에 있었던 이 전무의 라인들이 한 명 두 명 전략보직을 차지한다. 자금, 전략, 인사와 기획부서는 어느 순간 이 전무가 함께 근무했던 후배들로 채워지고 대신 소위 한직이라는 운영부서는 김 전무의 후배들로 배치되었다.

새롭게 CEO가 된 구 사장은 김 전무와는 항상 의견이 맞지 않았다. 김 전무는 구 사장이 부사장으로 있던 전임사장 때, 전략과 재무를 총괄하면서 영업을 총괄하는 구 부사장과 의견충돌이 많았다. 전임사장은 김 전무의 의사결정을 따르는 편이었고 당시 구 부사장은 묵묵하게 영업실적을 올리기에 주력하였다. 생산 공장의 안전사고, 자금부서의 부정들로 인하여 전임사장이 물러나고 구 부사장이 새로운 CEO가 되면서, 김 전무의 이동은 누구나 예상하였다.

  1년의 기간이 흐르고 회사의 경영실적은 호전될 기미가 보이지 않았다. 회사 내부에서는 이번에 외부에서 CEO가 영입된다는 소문이 자자했다. 연말이 되자 그룹에서는 대대적인 감사가 이루어졌다. 구 사장의 잘못은 아니지만 지금까지 관습적으로 내려오던 병폐가 하나둘 지적되었다. 이 가운데 금전 부정이 밝혀지고 영업현장에서 거래선과의 부정도 적발되었다. 구모가 상당하였고 많은 관리자가 연루되어 구 사장은 자발적 사임을 하게 되었다. 벌써 김 전무가 다시 기용될 거라는 소문이 돌았다. 외부에서 온 CEO는 김 전무를 부사장으로 승진시키고 기획관리본부장으로 선임하였다. 김 부사장이 가장 먼저 한 일은 1년 동안 고생한 자기 후배들을 승진시키고 전략부서로 배치하는 일이었다.

  구매전략팀에 배치된 이 팀장은 팀원들이 자신의 지시에 시큰둥하며 기일을 지키지 않는 것이 이해가 되지 않았다. 한 명씩 불러 면담을 하면 죄송하다며 열심히 하겠다는 말을 하지만 상황은 개선되지 않았다. 팀 내 최고참인 김 부장은 입사 20년이 지났지만 구매전략팀에 온 지는 2년밖에 되지 않았다. 가장 오래 근무한 사람이 3년이고 평균 팀장 근속도 2년 남짓이었다.

김 부장마저도 업무에 임하는 열정이 없었다.

1대1 면담 과정을 통해 이 팀장은 새로운 사실을 알게 되었다. 신임 팀장이 오면 처음엔 성과를 보이기 위해 도전적으로 일하지만 시간이 조금 지나고 나면 고생만 할 뿐 자신에게 돌아오는 것이 없어 대충하는 분위기란다. 만약 문제가 생겨도 팀장이 나가거나 본인이 다른 부서로 옮기면 그뿐이라고 한다. 직무 순환이 직무의 전문성을 위해 운영되는 것이 아닌 사람이 피곤하면 피해버리면 된다는 식으로 운영되고 있었다. 조직장으로서 권위가 서지 않고, 똑같은 급여를 받으면서 왜 나만 고생하냐는 정서가 가득 차 있었다.

이 팀장은 회사의 인사제도가 바로 서지 않고는 현장의 이런 정서가 쉽게 사라지지 않을 것이라는 생각이 들었다. 다음날, 인사팀을 찾아 이런 이야기를 했다. 담당자는 다 알고 있다고만 한다. 알고는 있지만 해결방안이 없다는 것인지, 알지도 못하면서 어떠한 이유 때문에 안다고 하는 것인지 판단하기 어려웠다. 이 팀장은 고참인 김 부장을 잘 설득하여 끌고 가야지 하는 생각으로 발길을 돌렸다.

▶

육성제도

잘나가던 사람이
어떻게 이렇게 일을 하나?

담당자와 같은 관리자

LG경제연구원은 리더를 '일 몰입형'과 '관리 중심형', '관계 중시형', '변화 추구형'으로 구분했다.

일 몰입형은 '일 중독'이란 소리를 들을 정도로 누구보다 성실하게 일하는 타입이다. 대부분의 경우 일을 우선시하여 목표를 초과 달성하기 때문에 개인 시간이 없다. 문제는 이런 타입이 리더가 되었을 때 직원들에게 자신처럼 일하기를 강요하다 보면 조직이 와해될 수 있다는 점이다. 역량과 경험이 뒤처지는 구성원들은 갈등에 빠지고 높은 목표에 힘들어한다.

하나부터 열까지 직접 꼼꼼히 챙겨야 직성이 풀리는 '관리 중심형'도 있다. 빈틈없이 조직을 운영하지만, 적절한 역할 위임을 하지 않기 때문에 위기가 닥쳤을 때 혼자 헤쳐 나가기 힘들다.

'관계유지형'은 팀워크나 스킨십 등 관계를 유돈 중시하는 타입이다. 평소 회사 분위기는 부드럽게 흘러갈 수 있지만 건전한 갈등마저 외면하거나 신속한 의사결정을 하지 못해 업무 추진이 힘든 경우가 생길 수 있다.

마지막으로 수시로 혁신 과제들을 내놓는 '변화 추구형'이다. 조직에 역동성은 줄 수 있지만, 정도가 지나치면 조직 피로도가 누적돼 아무도 따르지 않게 된다.

김길동 팀장은 사원으로 있을 때 가장 뛰어난 세무담당자였다. 세무적 지식뿐 아니라 공무원, 교수, 세무 관련 전문가와의 폭넓은 교류로도 유명하였다. 그 유명세가 발탁으로 이어지고 최연소 팀장이 되었다. 그런데 김 팀장에게 부여돈 업무는 13년간 해오던 세무업무가 아닌 기획업무였다. 차세대 핵심인력으로 조기 육성 차원에서 전략적 직무 순환을 한 것이다.

기획팀 상사인 홍 상무는 김 팀장에게 자회사 통폐합에 대한 과제를 주었다. 15개의 자회사를 어떻게 가져 갈 것인가 전략을 세우되, 업의 본질을 파악하여 시너지 효과를 낼 수 있도록 구상하라고 했다. 완료 기간을 말하지 않았고 김 팀장도 묻지 않았지만 김 팀장의 역량이라면 1달 이내에 초안이 나올 줄 알았다.

3주 정도 시간이 흐른 후, 중간 점검을 한 홍 상무는 불안함을 금치 못했다. 방향을 전혀 잡지 못했고 추진된 것이 하나도 없었다. 기획팀의 대리에게 자회사 현황을 파악하고 통합 원칙 3~4

개를 정해 논리를 확보하게 하면 되는 일이었다.

전체 기획팀 회의를 소집하고 과제에 대한 의견을 물어보았다. 김 팀장을 제외하고는 이 과제에 대해 아는 팀원이 없었다. 공유조차도 하지 않은 것이다. 자신의 일은 자신이 해야 한다는 생각으로 아직도 담당자와 같은 조직장 역할을 하고 있었다. 홍 상무는 회의를 끝내고 조용히 김 팀장을 불렀다.

신임임원에게도
적응기간이 필요하다

역할이 바뀌었으면 그 역할에 맞게 행해야 한다

임원으로 승진시키고 무리한 목표를 부과하며, 임원이 그것도 못하냐고 다그치는 CEO가 있다. 임원의 입장에서 보면 억울하기도 하다. 불과 며칠 전인 부장 시절이 그립기도 하다. 그렇다고 가만히 있을 수는 없어서 부장들을 모아놓고 실적에 대해, 열정에 대해, 왜 도전하지 않느냐고 강하게 말한다. 부장들의 얼굴에는 짜증이 가득한데도 아랑곳하지 않고 내 이야기를 이어간다. 부장 시절에 가장 싫어한 상사의 모습을 내가 닮아간다.

차분하게 앉아 미래를 구상하고 전략을 세워 추진해 나가겠다는 생각은 이미 포기한 지 오래다. 매일 실적과의 싸움이다. 경쟁사와의 시장점유율 쟁탈전에서 우리 지역이 단 1%라도 향상되기 위해 현장을 돌며 직원들을 독려한다. 사무실에 앉아있는 직원들에게 각종 분석 자료를 작성하라고 시키고 부장들을 모아 매일 반복되는 대책회의를 한다. 뚜렷한 대안없이 허공에 담배연기만 뿜는다. 고민을 하라는 말이 반복된다. 현장에서 트러블이 생겼다는 말에 한두 명의 부장들이 자리를 비운다. 얼마 후 본부장으로부터 호출을 받는다. 임원이 되어서는 왜 그렇게 조직 관리를 못해 직원들 사기를 다 떨어뜨리냐며 불호령이다. 하지만 임원의 역할에 대해 한 번도 들은 적이 없다. 그냥 다른 임원들이 한 것을 지켜봤고 그대로 한 것뿐이다.

자금담당 부장으로 성과를 인정받아 발탁된 홍서진 상무가 담당하게 된 업무는 영업이다. 홍서진 상무는 성격이 내성적이며 차분하다. 자금부장으로 있을 때는 치밀하고 꼼꼼한 성격으로 완벽한 자금관리를 주도해 왔다. 그러나 영업담당 상무가 되어 외부 고객들과 만나고 술자리가 잦아지고 마케팅과 판매를 해야 하는 입장이 되고 보니 업무 내용이 달라도 너무 달랐다.

홍 상무의 성격상, 어떤 일을 하게 되면 그 일을 완벽하게 끝나야 했다. 그건 인간관계에 있어서도 마찬가지였다. 그러나 술자리가 늘면서 정신을 잃는 경우가 자주 생기게 되었고 차분하며 조용하던 성격도 점차 말이 많아지게 되었다. 꼼꼼하게 챙기던 아침 회의에 빠지는 경우도 발생하였다. 영업 실적이 떨어지면서 사무실의 분위기도 뭐라 말하기는 곤란하지만 해이해지는 느낌을 받았다. 영업의 성격상 사람을 만날 수밖에 없었다. 그러나 그 만남으로 인하여 일이 소홀히 되는 것을 지켜볼 수는 없었다.

　차장급 이상 긴급회의를 소집하였다. 먼저 각자가 생각하는 바람직한 조직과 개인의 입장에 대해 이야기하도록 하였다. 이야기를 다 들은 후에 어떻게 조직을 바꿔가기를 희망하느냐에 대해 물었다. 말이 별로 없었다. 모두가 홍 상무만 바라본다. 조직과 개인의 문제가 무엇인가를 알고는 있지만 말을 하지 않는다. 홍 상무는 3가지 나아갈 방향과 꼭 지켜야 할 원칙 3가지를 강조하였다. 그 가운데는 저녁 술 문화 개선도 포함되어 있었다. 홍 상무는 전임자나 영업임원들이 영업담당 상무가 가져가야 할 역할과 주의해야 할 행동지침 같은 것을 정해 사전에 알려주었다면 하는 아쉬움을 느꼈다.

나에게는 꿈이 없습니다

2008년 말, 갑자기 불어온 미국발 금융사태로 인하여 많은 기업들이 긴축재정에 들어갔다. 회사마다 저가치 업무뿐 아니라 당장 성과를 창출하지 못하는 업무와 부서는 과감하게 폐지했다. 교육을 담당하던 김 부장은 경영층으로부터 2010년까지 현 수준의 30%를 감축하라는 지시를 받았다. 평소에도 자금 지원은 동결로 유지되어 왔고 불필요한 교육은 실시하지 않았다. 선택과 집중의 논리로 우수인재 중심의 교육으로 전환하여 해외연수와 핵심인재 육성 과정이 교육의 주프로그램이었다. 김 부장은 회사의 경쟁력 차원에서 해외 연수와 핵심인재 육성 과정만큼은 지속해야 한다고 주장했지만 결국 해외연수는 잠정 연기하기로 결정되었다.

사업전략팀의 선 차장은 2년을 준비하여 자신이 담당하는 A 프로젝트의 완성과 역량 강화를 위해 미국 연수를 2년간 준비했었다. 해외연수 대상자로 선발되어 코넬과 카네기 멜론대에 입학허가를 받아놓은 상태에서 해외연수 연기 통보는 큰 실망이었다. 선 차장이 야심차게 추진하려던 A프로젝트도 연기되었다. 선 차장은 심각하게 회사를 다니느냐, 해외연수를 떠나느냐를 고민했다. 회사의 지원으로 2년 후 복귀하여 A프로젝트를 한 차원 높게 마무리할 계획도 무산되었다. 회사가 마치 자신을 필요로 하지 않는 듯한 인상을 받았다. 사실 A프로젝트가 연기되어 뭘 해야 할지 방향을 잡기 어려웠다. 선 차장은 아내에게 사실을 이야기하고 결정을 해야겠다고 다짐했다.

이 부장의 책상 위에 "올해 말까지 퇴직을 결정하면 연봉에 정년까지 남은 기간을 곱해 명예퇴직금을 지급하겠다."는 쪽지가 놓여 있었다. 동료와 선배들에게서 그런 통보를 받았다는 이야기는 들었었지만 과장 때 그룹 업무를 추진하여 프로젝트 대상도 받았고 특허와 많은 성과를 창출하였기에 자신은 아니겠지 하는 막연한 기대를 했었다.

쪽지를 보며 해야 할 일을 생각해 보았다. 자신 있게 할 수 있는 일이 많지 않았다. 지금까지 다니고 있는 A회사의 이미지가 좋아 자신도 빛날 수 있었음을 느끼게 되었다. 개인 이길동은 존재도 없고 하찮은 존재였다. 50이 넘어 오라는 곳도 없다. 앞만 보고 달렸기에 그 흔한 자격증도 없다. 이곳저곳 회사가 원하는 직무 순환을 하다 보니 전문성도 없다. 열심히 하겠다고는 말했지만 뭘 어떻게 열심히 할 수 있을까 고민도 된다.

이 부장은 책상에 놓인 서류의 내용대로 자신의 명예퇴직금을 계산해 보았다. 2억 원 정도이다. 중간 정산을 했기 때문에 퇴직금은 1억 원 수준이다. 3억 원. 아이들은 대학생이고 시골에 계시는 부모님은 80세이다. 아내에게 퇴직해야 한다는 이야기를 하기가 쉽지 않다. 아내는 나만 바라보고 살고 있다. 꿈이 없이 살아온 지난날들이 스쳐 지나간다. 한참 일에 쫓겨 바쁠 때에는 부동산 자격증 공부를 하는 선배들을 한심한 눈으로 바라봤었다. 그러나 지금 나이 50에 나는 무엇인가 깊이 반성해 본다

일이 바빠
학습할 시간이 없다

교육? 갈 시간이 없어요

교육을 담당하는 서 팀장의 근심이 깊다. 사장으로부터 2가지 지시를 받았다. 교육을 받았는데 교육받지 않은 사람과 차이가 없다면 교육을 할 이유가 없다는 것과 교육전문인력이 있다고 하는데 그 원인과 대책을 보고하라는 내용이었다.

교육은 백년대계이기 때문에 한 순간에 성과를 창출하기 어렵다는 것을 모르지는 않을 것이다. 문제는 교육받은 사람과 받지 않은 사람의 차이가 전혀 없거나 오히려 교육받지 않은 사람의 평가가 더 높다면 문제가 있다. 회사 평가 상위 10% 인력과 하위 10% 인력의 교육 수강 현황을 살펴보았다. 하위 10%와 상위 10%는 전체 인력의 평균에 미치지 못했다.

상위 10% 인력에 대해 개별 인터뷰를 했다. 대부분은 업무가 많이 밀려있어서 교육에 참가할 생각을 하지 못한다고 한다. 업무를 잘하는 사람에게 더 많은 지시가 떨어지기 때문에 교육은 고사하고 휴가도 못 가는 실정이었다. 상위 10% 인력에 대해서는 평가를 통한 승진과 보상을 준다. 그러니 상위 10% 인력에 더 집중해야지 중간 계층의 상향평준화 교육으로는 경쟁력을 갖지 못한다는 것을 알지만, 현실 앞에서 고개를 숙이게 된다.

해외전략을 담당하는 이 차장은 후회가 많다. 현재 수행되는 해외영업의 기획 중에 이 차장의 손길이 닿지 않은 것은 하나도 없다. 해외전략통으로 불리는 이 차장은 창의적이며 도전적이고 열정적인 업무 자세로 어떠한 지시가 떨어져도 못한다는 이야기를 하지 않는다. 주어진 시간 내에 완벽하게 일 처리를 하다 보니 많은 조직장들이 이 차장에게 아이디어를 구하거나 보고서 작성을 부탁했다.

글로벌 역량 강화가 회사의 전략방향으로 결정되고 지역전문가 제도, 예비 해외 주재원 양성과정, 전략지역 프로젝트 발표, 전략지역 석사과정 입과 등 많은 프로그램이 운영되었다. 모든 과정에 이 차장이 거론되었지만 항상 추진되고 있는 업무로 인해 부서장이 허락을 해주지 않았다. 결국 이 차장보다 2년 후배인 김 과장이 전략지역 프로젝트 연구 및 석사과정에 입과하게 되었고 2년 후 해당 지역의 주재원으로 발령이 났다.

이 차장은 지금도 해외전략을 수립하고 있지만 회사 내에서는 전략지역에서의 성과에 대해 초특급 승진을 시키고 있다. 이 차장은 6년차 차장이다. 동기는 한 부서를 책임지는 팀장으로 재작년부터 한 명씩 승진을 하고 있다. 어느 순간 가장 잘나가던 사람에서 평범한 고참으로 변해가는 자신의 모습에 힘이 빠진다. 매일 격무로 인하여 영어공부를 할 시간을 갖지 못해 외국에서 바이어가 왔을 때 통역이 있어야지 미팅이 가능하게 된 한심한 자신의 모습을 바라본다. 4년 전에 조금 강하게 주장을 하여 교육에 참석해야 했는데 하는 후회로 하루를 보낸다.

내 분야만
알고 있습니다

임원을 시킬 사람이 없다

A회사는 매출 100억에 인원 30명의 중소기업이지만 회사의 핵심부품을 생산하고 있기 때문에 전략적으로 흡수합병을 실시하게 되었다.

경영회의에서 사장은 본부장에게 이번에 인수하게 될 A회사를 경영할 임원 후보를 추천하라고 지시했다. 사장은 후보의 조건으로 생산, 재무, 인사 업무를 담당한 이력과 리더십을 강조했다. 추천할 사람이 있냐는 질문에 모든 본부장이 책상을 바라본다. 떠오르는 사람이 없기는 사장도 마찬가지이다. 그렇다고 외부에서 스카우트할 형편도 못된다. 부장급에서 승진시켜 보내야 하는데 사람이 없다. 모두 한 분야에서만 육성되어 폭넓게 경영을 볼 수 있는 사람은 없었다. 전략실에 근무하는 이 부장이 적격이지만 이 부장이 빠지면 회사 전략에 큰 영향을 받게 된다. 우수인력에 대해 타 분야로의 전략적 직무 순환을 시키지 못한 후회를 하였지만 당장 어찌할 수 없는 상황이었다. 사장은 1주일 안에 후보를 추천해 보라는 말을 끝으로 회의를 마친다.

현재 인사실장으로 있는 김 상무는 전략적 CEO 후보로 선정되어 서울영업본부장으로 발탁되어 이동하였다. 인사실장은 어느 사람이 어떤 능력을 갖고 있는가를 꿰뚫고 적재적소에 배치를 해야 한다. 공정하고 수용도가 높은 제도를 수립하여 회사 성과를 창출하는 토대가 되도록 해야 하고 사업의 방향에 맞도록 조직을 설계하여 변화를 선도해야 한다. 도전과 실행의 조직문화가 전 조직과 개인에게 전파되어 업무 성과로 창출되도록 이끌어야 하는 중요한 자리이다.

인사실장 후보로 거론된 사람들은 전부 인력, 운영, 제도, 문화의 측면에서만 육성된 사람이었다. 그 어느 누구도 4개 영역 중 하나 이상의 경험을 한 사람이 없었다. 부장급으로 있는 4명을 인터뷰한 사장은 결국 외부에서 영입하기로 결정을 하였다. 임원 한 사람의 폭 좁은 의사결정이 회사에 미치는 영향을 너무나 잘 알기 때문이었다. 사장은 외부 임원급 인사실장을 영입하도록 지시하고 현재 4명의 부장급 인사담당자를 전부 직무 순환하도록 지시했다. 직무 순환 후 성과가 떨어지는 부장급은 타 부서로 전배시키라는 지시와 함께.

본부 간 이동을 하라니…
뭘 알아야 가죠

폭넓은 인재 육성이 필요하다

국내에 머물며 내수 위주의 생산과 영업을 하는 회사라면 경영자 한두 명이 경영전반에 대해 의사결정을 할 수 있다. 그러나 경영환경이 복잡하고 경쟁이 치열해질수록 사업구조와 전략을 바꿔야 한다. 원료의 구입부터 판매, 자금문제, 인력문제 등 모든 기능들의 의사결정이 단순하지 않다. 한 분야의 전문가들이 통합된 의사결정을 내려야 하는 순간이 갈수록 많아진다.

한 사람의 의사결정이 회사 전체에 미치는 영향이 크다 보니 경영자의 역량이 회사의 경쟁력이 된다. 구 사장은 회사 임원들의 역량을 외부 컨설팅 업체에 의뢰하여 10가지 체크리스트를 통해 점검하였다. 국내 1위 기업이었지만 선진업체와는 그 격차가 있었고 경영진은 국내에 안주하려는 경향이 있었다. 같은 제품을 생산하고 있는 글로벌 1위 기업의 경영진과 등일한 체크리스트로 점검하여 그 수준을 비교하고 격차가 가장 큰 항목들을 중심으로 원인과 대응방안을 수립하라고 했다. 컨설팅 비용은 역대 최고의 금액이었다.

구 사장은 비록 업종은 다르지만 전자업의 1위를 달리고 있는 국내 기업들 역시 동일한 점검을 해주길 요청했다. 글로벌 컨설팅회사이기 때문에 이 과제를 수행하였다. 10개 항목 100개 문항의 체크리스트가 정리되고 보니 회사 경영진의 수준은 10점 만점에 4.8점이었다. 글로벌 1위 기업은 7.9점 수준이었고, 이미 세계 1위 업체가 된 국내 A전자는 8.4점이었다. 10개 항목 중 가장 차이가 큰 분야는 국제화 역량이었다. A전자의 경영진은 국제화 역량 10개 문항에 대부분 9점 이상이었다. 전원이 미국이나 유럽에서 학교 또는 근무 경험이 3년 이상이었다. 언어는 물론, 글로벌 정세에 대한 이해 수준이 높고 개별 지인 10명 이상과 관계를 맺고 있었다. 두 번째 약점은 전략적 의사결정력이었다. 한 분야의 전문성만 강할 뿐 다양한 경험을 하지 못한 탓으로 전략적 의사결정 능력이 매우 낮았다.

구 사장은 인사담당 상무와 전략담당을 불러 대책을 마련하라고 했다. 단순히 육성을 통해 해결될 수 없는 사안이었다. 인사담당인 이 상무는 10년 중장기 계획을 수립하여 체계적으로 인재를 육성해 가야 한다고 주장했다. 그러나 전략담당은 우리에게 그럴 시간이 없다며 현재 부장급 인력 50명을 대상으로 1년

간 집중 연수를 실시하여 조기에 역량을 강화하는 방안을 가져
가자고 주장했다.

두 사람의 이견은 결코 좁혀지지 않았다. 경영회의에서 다른
경영자와의 토의도 여러 번 있었지만 갈수록 왜 이러한 논의를
해야 하는가 의문이 들기 시작하였다. 결국 원료, 생산, 마케팅
경영자가 업무가 바쁘다는 이유로 미팅에 참석하지 않게 되었
다. 전략과 인사담당은 사장에게 3단계 육성방안을 제출하며 매
듭지으려고 했다. 여기에는 폭넓은 인재육성의 필요성이 언급되
지 않았다. 장기적이고 체계적으로 인재를 육성하기 위해 인재
와 핵심직무를 선정하고 지속적으로 관리해 나가는 방안이 없었
다. 그저 선진기업과의 차이를 줄이기 위해 교육을 강화해야 한
다는 구호만 있을 뿐이었다.

구 사장은 안을 받아 들고 별다른 지시를 내리지 못했다. 무엇
이 중요하고 무엇이 긴급한가를 파악하지 못하는 경영자와 함께
일을 추진해야 하는 자신의 무능이 한스럽기만 했다. 구 사장은
후계자를 선발하기로 생각했다. 현재의 경영자가 아닌 외부에서
후계자를 영입하는 방안을 심각하게 고민하였다.

왜 조직장은
이동을 두려워하는가?

경영자는 1년 평가로 모든 것이 결정된다

연말이 되면 초조해지는 경영자가 많다. 임원은 연말 평가로 모든 것이 결정이 된다. 성과가 좋은 경영자는 승진 또는 높은 인센티브를 기대할 수 있지만 대부분 경영자는 불안해한다. 조직을 맡지 못하면 회사를 떠나게 되는 경우가 많다. 오죽하면 임시직이라고 하기도 하며 후배를 키우지 말라는 즈언을 하겠는가? 모든 것이 성과로 결정되기 때문이다.

상황이 이렇다 보니 경영자일수록 타 조직으로의 이동을 꺼려한다. 이동된 조직에서 성과를 내기는 쉽지 않다. 잘 모르기 때문에 방향 제시를 하기보다는 기존의 것을 좇게 되어 있다. 기존 인력들이 옳다고 하면 특히 다른 방안을 제시할 수 없어 따라가게 된다. 경영자로서의 방향과 판단을 해주지 못하며 오탈자나 잡아주는 역할을 수행한다. 무엇인가 알게 될 때쯤이면 평가를 받게 된다. 이미 조직 구성원에게는 무능하다는 이야기를 다 듣고 난 후다. CEO는 기다려주지 않는다. 조직의 장이라면 30일 이내에 조직과 그 구성원을 사로잡아야 한다고 이야기한다. 결과를 내지 못한 임원은 무능의 탓이지 결코 환경의 탓이 아니라고 한다. 오직 지시와 결과에 대한 평가만 있지, 코칭이나 지도, 배려를 기대하기는 쉽지 않다. 사실 CEO도 평가를 받기는 마찬가지이다. 임원들이 자신이 잘 알고 있는 분야에 더 머물고 싶어하는 이유이다.

신사업실을 담당하다가 재무실로 자리를 옮기게 된 양 상무는 고민이 많다. 미래 사업 트렌드와 전략을 연구하며 보고서를 써왔는데 갑자기 숫자만 가득한 손익계산서, 대차대조표 등의 결산 보고서를 작성하려니 여간 어려운 일이 아니다. 양 상무의 손익분석을 한 자료에 대한 이해가 적다 보니 구성원들은 보고가 아닌 설명을 해줘야 하는 상황에 놓이게 되었다.

문제의 핵심을 꿰뚫지 못하다 보니 왜 손실 규모가 이렇게 크며, 연말 손익규모는 얼마가 예상되느냐와 같은 기초적인 사장의 질문에 대답을 못하고 파악하여 보고하겠다는 이야기만 반복한다. 3개월이 지난 시점에 갑자기 판매관리비가 전월 대비 30% 이상 증가된 이유를 설명하지 못하자 CEO는 크게 화를 냈다. 3개월이면 신입사원도 이상하게 생각하고 그 원인과 대책을 보고할 수 있는데 관심부족이라며 재무실 차장 이상 전원 집합하라고 지시를 내렸다. 양 상무는 자신 때문에 재무실 전체가 지적을 받는 것을 막아야 한다는 생각에 변명을 했지만 오히려 화를 키우는 결과를 초래했다.

　이런 과정을 지켜 본 다른 임원들은 부서를 옮기면 안 된다는 생각을 더욱 갖게 되었고 회의 때마다 수첩에 빽빽하게 현황자료를 준비하여 지참하게 되었다. 연말 이동에 대한 의견을 물으면 그 누구도 어느 부서로 가겠다는 사람이 없다. 특히 신사업이나 회사가 새롭게 추진하는 혁신 부서로의 이동은 더욱 지원이 없다. 어느 순간 조직은 더욱 더 보신주의로 흐르게 된다.

1년에
책 한 권도 읽지 않다니

업무가 우선이다

임원 평가와 코칭을 담당하고 있는 김 고문은 큰 한숨을 쉰다. 최근 그룹 내 전 임원들을 대상으로 1시간 이상 리더십 평가를 실시하였다. 상사 면담, 본인 면담 그리고 부하직원 면담으로 이루어지는 리더십 평가의 질문은 총 10가지였다. 그중 하나가 독서에 관한 질문이었다. 1주일에 책을 몇 권 읽으며 가장 최근에 읽은 책 3권이 무엇인가를 물었다. 그런데 임원면담 결과, 1주일에 한 권이 아닌 1년에 책 한 권도 읽지 않은 임원도 있었다. 이유는 모두 업무가 바빠서였다. 임원이면 업무 능통은 기본이고, 업무 외적으로 정치, 사회, 문학, 경영과 경제, 교양 등 다방면에 어느 정도의 지식을 갖고 있어야 한다. 적어도 큰 영역별 트렌드와 키워드 정도는 숙지하고 있어 대화가 통해야 한다. 최소한의 상식이 있어야 하는데 업무 이외에 하나도 아는 것이 없다면 곤란하다.

평소 독서광이라 불리는 김 고문은 재임 시절에 손에서 책을 놓은 적이 없었다. 심한 경우, 화장실에 갈 때에도 책이나 잡지를 가져가기 때문에 직원들에게 귀감이 되었다. 김 고문은 인사부서에 연락하여 임원들에게 주 단위로 책을 선정해 주고 한 장으로 정리하여 제출하는 방안을 철저하게 시행하라고 지시했다.

인재육성을 담당하는 문 부장의 취미는 다양하다. 문학, 서예, 서양화뿐 아니라 악기를 다루는 능력도 출중하다. 어릴 적부터 하나의 목표가 생기면 최고가 될 때까지 몰입하는 습관이 있었기에 취미도 일정 수준 이상이었다.

문 부장에게 이러한 습관을 가져다 준 것이 독서이다. 어려운 집안 형편상 책을 사서 볼 상황이 아니었다. 학교 도서관에서 매일 한 권의 책을 빌려 당일 다 읽고 느낀 점을 2~3장으로 요약하여 정리하였다. 이렇게 매일 독서를 하다 보니 다양한 분야의 지식을 쌓게 되었다. 지금도 많은 후배들이 무엇인가 막히게 되면 문 부장을 찾는다. 외국에서 방문한 분들에게 회사 소개는 대부분 문 부장이 진행한다. 문 부장은 우선 한국과 회사가 있는 지역을 소개한다. 방문객들에게 회사 홍보가 아닌 지역 설명을 함으로써 오히려 회사의 이미지를 넓히고 지역사회와 함께 상생하는 회사를 만들어 가고 있다.

교육,
제대로 고민하게 하라

와아~ 무두일이다

S그룹에 근무한 사람들은 교육에 참석한다고 하면 첫마디가 "고생하고 와라."이다. 사무실에서 근무하는 것보다 인력개발원에서 교육받는 것이 얼마나 힘든 일인지 알고 있다.

이 회사는 신입사원부터 경쟁이다. 만나는 사람마다 전부 큰소리로 인사하도록 가르친다. 팀 활동과 선배에 의한 지도로 강하게 육성된다. 개인적으로 여유 시간이 없다. 팀별 경쟁이 되기 때문에 조금이라도 부족하면 잠을 잘 수가 없다. 우수인재 프로그램에 참석하면 그 상황은 더하다. 30% 안에 들어야만 교육에 참석할 수 있는 기회가 부여된다. 교육 중 하위 점수를 받은 사람은 승진 기회에서 멀어진다. 보이지 않는 전쟁이다. 이 회사에서는 교육 입과하는 사람이나 사무실에 남은 사람이 "놀고 와라."라는 말은 있을 수 없다. 한편으로는 부러워하며 한편으로는 건강 유념하라고 이야기한다.

A회사는 부서장이 교육을 가면 무두일無頭日이라고 한다. 상사가 없으니 편한 하루라는 기대감에서 나온 이야기이다. 직원 중에 누군가가 교육에 참석하겠다고 하면 거기 왜 가냐고 묻는다. 업무 다 했냐고 추궁까지 한다. 가는 사람도 쉬다 오겠다고 농담 반, 진담 반으로 이야기하고 교육 장소로 간다.

사전 학습이란 있지도 않다. 교육 내용이 무엇인지도 모른다. 더 심각한 것은 지각을 해도 아무도 주의를 주지 않는다. 쉬러 온 것이기 때문이다. 이런 분위기가 만연되어 있다. 교육 안내가 끝나고 휴식시간이 되면 가장 먼저 하는 이야기가 오랜만에 만난 사람과 일과 후 어디에서 소주 한잔하자는 약속이다.

대부분의 교육은 강사의 일방적인 강의로 진행된다. 물론 토론 시간도 있지만 아무도 이야기하지 않고 대부분의 정리와 발표는 팀의 막내가 담당한다. 누가 어느 팀의 막내인지 다들 알고 있다. 토론장에서는 다른 사람의 발표에 아무 말도 하지 않다가 교육이 끝나고 사무실에 오면 누가 무슨 말을 했다는 소문이 회자된다. 좋은 아이디어는 회자되지 않는다. 교육 내용에 대한 전달이라고는 찾아볼 수 없다. 교육 프로그램마저 예정대로 운영되지 않는다. 그때그때 상황에 따라 프로그램이 바뀐다. 비싼 회사 돈을 사용해서 친목을 위한 화합의 장을 만들어 준 것이다.

그러다 CEO가 온다고 하면 상황이 달라진다. 의전이 우선이다. 앉는 자리, 먹는 음식, 응접실 등 하나에서 열까지 불편함이 없게 하는 데 정성을 다한다. CEO에게 어떤 이야기를 해서 시사점을 줘야 한다는 내용은 물론 교육생의 특성과 관심사항에 대한 정보는 없다. 무엇이 중요하고 무엇이 강조되어야 하는가 고민이 없다. 현업에 적용될 내용이 없다 보니 전달할 사항도 없다. 경쟁이라고는 찾아볼 수가 없다. 열정에 가득 차 무엇인가 얻으려는 눈빛이 아니다. 어떻게 하면 빨리 끝나 돌아갈까를 생각한다.

이렇게 교육을 받았으니 직원이 교육 참가한다고 하면 거기 왜 가냐고 묻는다. 자신이 고민하고 제대로 하지 않았기 때문에 남들도 다 그럴 것이라고 생각한다. 교육이 역량 강화와 새로운 지식의 습득이 아닌 교육을 했다 수준에 머문다. 이런 사람들이 업무는 제대로 하겠는가?

입사 후
교육을 받은 적이 없어요

기회를 주지 않아요

입사 10년 차인 김 과장은 회사에 입사했을 때 받은 신입사원 입문교육 이후 교육에 참가한 적이 없다. 신임과장교육마저도 회사 업무가 바쁘니 일하라는 상사의 지시로 인해 참석할 수가 없었다.

김 과장은 시간이 지날수록 정체되어 가는 자신을 바라본다. 입사했을 때의 영어실력이 가장 좋았다. 가지고 있는 지식은 보충되지 않고 갈수록 바닥이 드러나는 느낌이 들었다. 회계업무를 담당하다 보니 월말만 되면 비상이다. 가끔 비상대책이라도 선언이 되면, 원가 경쟁력 분석, 손익분석 등 각종 보고서 작성이 이어진다. 타 부서의 자료요청이 이어진다. 하루 종일 숫자를 처리하고 여기저기서 걸려오는 전화응대를 하다 보면 하루가 다 지난다. 책을 읽은 적이 언제인가 기억이 나지 않는다. 주말이면 대부분 밀린 잠을 잔다. 그나마 월초 월말이 아니기 때문에 쉴 수 있다.

인사팀에 근무하는 동료 구 과장에게서 전화가 왔다. 이력서를 정리하고 있는데 매년 이력서를 수정하고 있냐고 묻는다. 입사 전 입사지원서를 작성한 이후 단 한 번도 이력서를 작성해 본 적이 없다. 10년이 지난 지금에 와서 이력서 양식을 찾았다. 기록할 수 있는 항목이 하나도 없었다. 학력은 입사 시 학력이 그대로였다. 외부 활동을 한 것도 없고, 수상한 일도 없다. A회사 회계팀 근무가 전부였다. 입사 시에는 영어점수가 870점이었는데 10년 동안 응시를 한 적이 없다. 지난 1년을 돌아보면 무엇을 했나 적을 것이 없다. 분명 바쁘게 보냈는데 막상 적으려니 적을 것이 없다. 내년에는 공인회계사 공부를 해야겠다는 막연한 목표를 잡고 PC로 향한다.

김종석 부장은 신입사원 때 사장이 되고 싶다는 발표를 해서 주위로부터 아직 순진하다는 이야기를 들었다. 그러나 마음속으로는 항상 사장을 꿈꿨다. 업무를 함에 있어서 현재가 아닌 미래의 관점에서 도전하고 개선하였다. 사람의 관계에 있어서도 나와 함께 회사를 이끌 사람이라는 생각으로 최선을 다하였다. 매년 좋은 평가를 받았고 발탁승진이 이어져 동기들보다 항상 앞서 나갔다. 어렵고 힘든 일이 있으면 김 부장에게 부과되었다.

김 부장은 입사 이래로 휴가를 가져본 적이 없었다. 강연 따로 교육이 필요하다고 생각한 적이 없었다. 그러나 핵심인재에 대한 교육과정이 신설되고 그때마다 중요한 회사 일이 부여되거나 해외 출장을 가게 되었다. 자연히 교육과정에 2번이나 입과하지 못하였다. 회사는 과정을 이수하지 못한 사람을 임원후보로 선발하지 않았기에 임원 후보에 오르지도 못한 김 부장은 3번째 교육을 신청하였으나 결과는 같았다.

후배들이 임원이 되는 것을 지켜보았다. 1년 후배가 임원이 되어 상사로 모시게 됨에 따라 김 부장은 앞만 보고 달리는 것이 얼마나 바보스러운가를 느끼게 되었다. 상사들은 내가 책임지고 돌봐주겠다고 했지만 지나고 나니 그들은 술 한 잔으로 마무리한다. 자신의 이기만을 생각할 뿐, 결코 김 부장의 꿈에는 관심이 없다. 함께 있는 동안 성과를 내면 그뿐이라 생각한다. 그것이 회사라고 이야기한다.

성과관리

성과관리,
내가 하는 것이 법이다

이 부장은 올해 임원으로 승진하기 위해 등급평가에서 최소한 A 이상의 평가를 받아야 한다. 회사는 20% 안에 들어야만 A등급을 부여하기 때문에 본부 내에서 A를 받는 사람은 잘해야 5명 수준이다.

지난해에 그룹 프로젝트를 성공적으로 수행하여 S등급을 받았으나 성과보다 관계 지향의 새로운 본부장이 온 후부터는 조직 내에서 음지에 있던 사람들이 보다 적극적으로 임하고 있는 상황이었다. 성과로 승리하는 사람이 결국은 이긴다는 이 부장의 생각은 연초부터 본부장과 잦은 마찰을 빚기 시작하였다. 이 부장이 야심차게 추진하던 C프로젝트는 이미 후배인 성 차장에게 넘어갔다. 이 부장은 프로젝트의 중요성을 알기 때문에 성 차장에게 프로젝트에 관련된 지인을 소개하고 주말에 나와 업무를 도와주었다.

그런데 어느 날 본부장이 C프로젝트에서 완전히 손을 떼라는 이야기를 하며, 그렇게 할 일이 없느냐는 핀잔을 주었다. 이 부장은 새 프로젝트를 기획하여 보고하였으나 예산 문제, 인력 문제 시기상조라는 이유로 대부분 연기되었다. 어느 날 본부의 타임원과의 석식에서 본부장과 코드를 맞추라는 조언을 들었다. 회사에 입사하여 자신의 일에 도전하고 성과를 올리는 것이 가장 중요하다고 생각한 이 부장 입장에서는 상사와 코드를 맞추라는 말의 의미를 파악하기 어려웠다. 구체적으로 질문을 하자 본부장을 찾아가 본부장님이 시키는 것은 최선을 다해 하겠다고 충성 서약을 하라고 한다. 지금까지 본부장이 지시한 내용을 거절하거나 태만해본 적이 없었다. 항상 기일 안에 마쳤건만 무엇이 문제인지 몰랐다.

태 차장은 해외 박사 출신으로 직무에 대한 자부심이 매우 강한 사람이다. 자신이 담당하는 직무에 대해서는 그 누가 이야기하는 것을 몹시 싫어했다. 해외 박사이고 업무에 대해 워낙 강한 개성이 있다 보니 믿고 맡기는 편이었다.

금번 새로운 임원으로 발령받은 구 상무는 자신의 말이 바로 실천되어야 직성이 풀리는 성격이었다. 시키면 밤을 새워서라도 끝내야만 한다. 태 차장이 자신의 일은 그런 일이 아니라고 몇 번이고 이야기했지만 허용되지 않았다. 태 차장은 일을 마치지 않고 퇴근했고, 구 상무는 이 일에 대해 몹시 화가 났다. 구 상무가 태 차장에게 한 이야기는 단 한마디였다. "절이 싫으면 중이 떠나라." 결국 상사인 자신에게 맞추든가 떠나라고 한다.

당장 갈 곳이 없는 태 차장은 갈등이 많다. 떠날 것인가? 머물 것인가? 오라는 곳이 있다면 당장 가고 싶지만 지금 현재 갈 곳은 없다. 그렇다고 코드가 맞지 않는 상사 밑에서 하고 싶지 않은 업무에 매달리기는 싫다. 오늘도 태 차장은 구 상무 방에 들어가 1시간 이상 이런저런 이야기를 듣는다. 태 차장은 조직 내에서 성과를 올리고 승진하겠다는 생각을 지운지 이미 오래 되었다.

성과를 측정할 수 있는
구체적 지표가 없다

구 부장은 영업부서에만 근무하다가 회사의 핵심인재 육성방안에 의거, 생산기획실로 발령을 받았다. 10여 년을 영업현장과 기획업무를 하다가 생산부서로 오니 용어부터 익숙하지 않다. 12월이 되자 인사팀에서 생산기획실이 주관이 되어 생산본부 전체 평가를 실시하고, 그 결과를 30일까지 보고하라는 공문을 받았다. 구 부장은 영업본부에서처럼 각 생산팀장에게 메일을 보내 평가 일정, 평가 및 상대등급을 정하여 결과를 보내라고 협조 공문을 작성했다. 생산기획실장은 구 부장에게 어떠한 측정 지표로 평가하느냐고 묻는다. 구 부장이 연초 목표가 있고 목표에 따른 평가지표를 각 팀, 각 개인이 설정하지 않았냐고 묻자, 생산기획실장은 직접 확인해 보라고 한다.

구 부장은 평가 항목 및 지표를 파악한다면 생산 현장을 알 수 있는 좋은 기회라고 생각했다. 하지만 각 생산팀을 돌면서 이러한 기대는 산산이 무너졌다. 성과를 측정하기 위한 목표부터가 없었다. 어떻게 이리도 목표가 없는지 궁금했다. 현장팀장에게 물어 보니 생산량이 매일매일 영업목표에 따라 달라진다고 한다. 당일 생산할 물량이 2~3일 전 통보되니 어느 경우에는 밤샘 작업을 하고, 어느 경우에는 오후에 생산할 제품이 없어 교육을 실시한다고 한다. 영업과의 생산 판매 회의를 하게 되면 최소 1주일의 계획에 의거하여 생산을 할 수 있지 않느냐고 물으니, 영업에서 1주일 전에 판매량을 정할 수 없기에 불가하다는 이야기만 듣는다.

목표가 없으니 개인별 평가 차등도 곤란하다고 한다. 평가를 하는 목적은 구성원의 역량을 강화하고 회사의 성과를 향상시키는 데 있다. 이를 잘하기 위해서는 목표설정이 가장 중요하다. 그러나 목표가 없다 보니 구체적 계획이 있을 수 없다. 평가 자체가 안 되다 보니 평가 결과의 보상 등에 활용은 있을 수 없다. 회사의 성과가 높으면 공평하게 나누어 가진다. 수십 년을 이렇게 배분하다 보니 연차가 높은 사람이 낮은 사람에 비해 연차만큼 급여수준이 높다. 나도 그 연차가 되면 그만큼 받을 수 있다는 생각으로 갈등이 없다. 그러니 더 많은 성과를 창출해야 한다는 생각도 없다. 남이 하는 수준만큼만 하면 된다. 혹시 오늘 못했다면 내일 하면 된다는 생각도 있다. 더 심각한 것은 한 두 명이 일과는 전혀 상관없는 시간을 보내도 전체 물량을 맞추는 데는 이상이 없다. 사람 여유가 있다.

대개는 입사 20년이 넘은 고참들이 생산 현장에서 감독업무를 수행한다. 이들은 기계만 봐도 무엇이 고장인지 알고 있다. 그러나 현장에서 근무하지 않고 사무실에서 감독역할을 수행한다. 물론 이들도 가끔 현장을 나간다. 현장에서 기계를 점검하고 이상이 있으면 조치하는 것이 아니라 단순히 현장을 돌아보는 것이다. 현장의 근무자들은 이들이 현장에 나오는 것을 싫어한다. 괜히 감시한다는 생각을 갖고 있다. 현장 기계의 이상 소리에 대해 문의하지 않는다. 이 고참도 기계에 이상이 있음을 알아도 무시한다. 현장 기계의 고장이 자신의 책임이 아니라는 생각을 갖고 있다. 기계가 고장으로 서게 되면 회사에 얼마나 큰 손실이 있는가는 알고 있다. 그러나 그 책임은 자기 책임이 아니라고 생각한다. 내 책임이 아니면 신경을 쓰지 않는다.

도전적인 목표를
설정하라고?

달성하지 못하면 퇴출되는데…

인사팀의 김 부장은 오늘도 각 팀을 돌며 목표관리의 중요성을 강조한다. 좀 더 도전적인 목표를 설정하여 열정적으로 추진해야 한다. 목표가 낮으면 100% 달성했다 하더라도 성과의 크기는 작을 수밖에 없다. 도전적인 목표를 설정하여 비록 90%만 달성해도 낮은 목표를 다 달성한 것보다 성과는 크다고 설명한다. 각 팀의 반응은 차갑기만 하다. 우리 회사가 언제 목표를 달성하지 못한 팀장에게 좋은 평가를 한 적이 있느냐고 되묻는다. 낮은 목표라도 상사가 승인한 것이고 그것을 최선을 다해 달성한 사람이 인정받지, 처음부터 무모하리만큼 높은 목표를 잡고 달성하지 못하면 그 사람이 바보라고 한다. 나아가 김 팀장이 외부에서 입사하여 아직 우리 회사 현실을 모른다는 조언을 한다.

구매팀의 이 부장은 매우 적극적이고 의욕이 강한 고참부장이다. 이 부장이 팀장이 되지 못한 여러 이유 중에 하나는 바로 도전적이기 때문이다. 매사 일을 벌이기를 좋아했다. 그룹 구매 통합, 구매 시스템 개발, 구매 선진화 방안 등이 모두 그의 아이디어에서 나온 것이다. 큰 성과를 창출했지만, 그가 팀장으로 승진하지 못한 이유는 연초에 도전목표로 이런 과제들을 한다고 하고, 이를 달성한 것뿐이라는 인식이 많다. 자신이 하기로 한 것을 했다는 것이다.

그중 그룹 구매 통합은 그룹 전산시스템 구축과 함께 원가절감에 큰 기여를 하였다. 그러나 또 하나의 도전과제인 글로벌 구매 전략 보고는 이루어지지 못했다. 당초 3개의 과제 중에 2개를 끝낸 모습이었다. 지금까지 구매부서가 해오지 못한 2개의 대형 프로젝트를 성공적으로 마쳤고 큰 성과가 있었지만 결국 2개 과제만 성공한 것이다. 작년에도 이 부장은 선진 구매기법을 도입하여 구매 선진화를 하겠다고 했지만 결국 해를 바꿔 올해 마무리하였다. 다른 사람이라면 하나의 과제를 1년 이상 해야 하는 어려운 프로젝트였지만 회사는 이런 상황을 인정하지 않았다. 결국 안정적인 목표 달성이 더 중요함을 보여준 사례로 회자된다.

목표에 대한 평가가 공정하지 않다 보니 각 조직은 안정지향의 목표를 수립한다. 전년도 실적이 기준이 된다. 심한 경우에는 3개년 평균 실적을 목표로 삼는다. 현상 유지가 최선이라는 사고가 만연되어 있다. 어느 회사가 연평균 10% 성장한다고 하면 그곳은 우리 회사와 다르다고 한다. 목표를 높이는 일은 바보나 하는 일로 생각한다. 그러면서 자신의 급여가 동결되면 난리 난다. 물가가 올랐는데 물가 인상 이상으로 급여 인상을 이야기한다. 복리후생 축소에 대해서도 민감하다. 식당의 질이 개선되지 않는다고 아우성이다. 자신의 이익에는 민감하고 회사의 목표와 이익에 대해서는 남의 일처럼 생각한다.

계획은 거창하고
결과는 없다

뭐 제대로 끝내 놓은 것이 없잖아?

최 전무는 요즘 심기가 불편하다. 작년 말에 지시한 사안이 해가 바뀌고 4월이 지났는데도 보고서가 올라오지 않는다. 사실 그 보고는 사장의 지시사항이기 때문에 2월 이전에 실행을 했어야 했다. 몇 번이나 빨리 초안이라도 가져오라고 해도 소식이 없다. 담당자를 직접 불러 작업을 지시했건만 결과가 없다.

최 전무는 결국 전체 관리자 회의를 소집하였다. 모든 관리자를 모아 놓고 일의 취지와 기대하는 보고서의 결론을 설명하고 응모를 받겠다고 했다. 아무도 손을 들지 않는다. 모두 책상만 바라본다. 정적이 흐른다. 결국 기획팀장이 아무리 늦어도 2주 안으로 보고서를 올리겠다고 한다. 6개월을 기다렸는데 2주 기다리는 것은 문제가 되지 않았기에 목차부터 하나하나 보고하라는 지시를 내리고 회의를 마쳤다.

1주일이 지나자 30여 페이지의 초안을 들고 기획팀장이 들어 왔다. 방향과 전략만 있지 구체적 방안이 없었다. 그 많은 전략을 다 수행하려면 현재의 재원과 인력으로는 할 수 없는 계획뿐인 보고서였다. 최 전무는 답답함이 느껴졌다. 잠시 보고서를 놓고 가라고 하니까 마치 보고를 마쳤다는 생각을 하는 듯하다. 무엇이 좋은지 싱글벙글이다. 최 전무는 보고서를 하나씩 수정하기 시작하였다. 오랜만에 해보는 실무작업이었다. 4시간여를 수정한 후 기획팀장을 불렀다. 처음부터 다시 하라는 말과 내가 작성한 초안을 기초로 업무를 추진하라고 했다. 지시를 내리면서도 처음부터 내가 할 것을 하는 후회를 했다.

이 대리는 일을 하면서 지금까지 경영자와 담당자 역할을 동시에 했다. 사장님의 지시가 있으면 본부장이 그대로 팀장에게, 팀장은 곧 바로 담당자에게 업무를 지시한다. 팀장은 왜 그 일을 해야 하며, 기대하는 수준은 무엇이며, 어떤 방안을 도출해야 하는가에 대한 설명 없이 언제까지 하라는 말만 한다.

이 대리는 사장님의 지시인만큼 큰 방향과 전략을 수립하였다. 혹시 자신이 틀릴 수도 있다는 생각에 팀장에게 이런 방향에서 이런 전략을 도출하면 되겠느냐고 하니 그대로 하라고 한다. 전략에 따른 다양한 방안들을 검토하는 있는데 갑자기 팀장이 자료를 달라고 한다. 구체적 방안이 없기 때문에 방향과 전략이 담긴 부분을 보고하였다. 회의를 마치고 돌아 온 팀장은 누가 이렇게 거창하게 계획만 세웠느냐고 질책한다. 하나의 전략이라도 제대로 실행되도록 해야 한다고 한다. 그러면서도 그 하나의 전략이 무엇이라는 이야기는 없다. 무조건 다시 하라고 한다.

이 대리는 여러 전략 중에 중요도와 긴급도를 비교하여 하나의 전략을 선정하여 팀장에게 가져갔다. 이 전략이 우리 회사에는 가장 중요하며 검토하겠다고 했다. 팀장은 다 해서 가져오라는 한마디만 한다. 이 대리는 구체적 방안까지 마련하고 향후 추진일정까지 보고서에 담았다. 본부장은 누가 이런 전략을 선정했느냐고 역정이다. 겨우 이런 수준의 보고서를 작성하기 위해 몇 개월을 낭비했냐고 한다. 우리 회사는 미래 A사업으로 가야 하는데 아직도 기존 사업의 틀에서 머물고 있다며, 이런 사고를 하니까 매출이 제자리라며 보고서를 던져 버린다. 이 대리는 자리에 돌아와 내가 무엇을 해야 하는가 고민한다.

쉬운 목표만
설정하라

아니 이것을 다하겠다고?

김 전무의 목소리가 사무실의 정적을 깬다. 순간 모두가 오늘은 또 누구냐는 표정으로 김 전무의 방을 응시한다. 입사 2년차의 이순진 씨다. 김 전무는 "네가 아무리 잘나고 뛰어나다 해도 어떻게 이 목표를 다 달성하냐? 만약 한다고 해놓고 달성하지 못하면 누구 책임이냐? 책임지지 못할 계획을 세워 너뿐만 아니라 조직에 폐를 줄 생각이냐?"며 혹독하게 질책한다. 이순진 씨는 어찌할 줄 몰라 말 한마디 못한다. 안 되어 보였는지 이 부장이 들어가 다시 검토하고 보고하겠다고 한다. 김 전무는 기다렸다는 듯이 이 부장에게 화살을 돌린다. 부장이 되어 후배가 기획을 잘못하면 고쳐줘야지 어떻게 남의 일인 것처럼 내버려 두었느냐? 옛날에는 후배들이 한 일에 대해 선배들이 하나하나 조언해 주고 고쳐줘서 후배들이 일을 올바르게 하도록 했는데 요즘은 관심이 없고 제 일만 챙긴다고 나무란다. 이 부장은 바로 죄송하다는 말과 함께 순진 씨를 데리고 나온다.

순진 씨는 지금 하고 있는 일보다는 보다 부가가치가 높은 일에 도전하고 싶었다. 매일 반복되는 업무보다는 보다 큰 프로젝트를 만들고 그 일에 몰입하고 싶었다. 그가 제안한 것은 메가프로젝트로써 최소 2~3명이 1년간 집중해야 할 2개의 대형 도전 과제였다. 이러한 과제를 해낼 때 회사에 도움이 될 뿐만 아니라 자신의 가치를 찾을 수 있어 뿌듯한 기대를 가지고 올해 목표로 잡은 것이다. 목표설정부터 전략과제라고 명시하고 1년의 2/3를 이곳에 매진하겠다고 했다. 지원도 요청했다. 이 프로젝트를 하기 위해 대리급으로 1명의 멤버를 지원해 준다면 8월까지는 성과를 내겠다고 했다. 이러한 그의 제안을 김 전무는 일언지하에 거절했다. 네가 무슨 능력으로 이 일을 다 하겠다고 하느냐는 핀잔과 함께.

이 부장은 이순진 씨에게 쉬운 목표를 설정하라고 조언한다. 회사는 어려운 도전목표를 설정하여 성공한 사람들은 당연히 할 일을 한 것이라고 생각하지만 만약 실패하면 그 책임을 묻고 성과평가 최하위가 된다고 한다. 쉬운 목표를 120% 달성하면 최고 평가인 S등급을 받게 되지만, 도전과제를 목표로 하여 90% 달성하면 최하 등급인 D등급을 받게 된다. 회사에 미치는 성과는 후자가 훨씬 크지만 목표 달성을 못했기 때문에 불이익을 받는다고 한다. 처음부터 쉬운 목표를 설정해서 적당히 높게 성과를 내라고 한다. 조직평가에도 영향을 미친다고 한다. 조직이 목표를 100% 달성하면 B등급을 받지만, 110% 달성하면 A등급을 받는다. 중요한 것은 목표가 아니라 몇 % 달성이라고 한다.

왜 어려운 목표를 설정하느냐고 오히려 반문하면서 선배들이 하는 이야기는 다 경험에서 나오는 소중한 이야기인 만큼 잘 간직해 들으라고 조언한다. 순진 씨는 김 전무로부터 왜 질책을 받게 되었는가 이유는 알게 되었지만, 왠지 지금 하고 있는 일에서 자랑스럽고 성취감을 느낄 만큼의 성과를 창출할 수 있을까 하는 의구심이 솟구쳤다.

좋은 게
좋은 거야

김 과장, 너무 튀려 하지마

김 과장은 회의 때만 되면 비판의 목소리를 높인다. 왜 그것을 해야 하느냐가 그의 첫 질문이다. 경영자도 아닌데 항상 그것을 통해 얻고자 하는 바가 무엇이냐는 질문을 받는 발표자는 자연 기분이 상할 수밖에 없다. 타협이라고는 없다. 매사를 너무나 분명히 하기 때문에 중간에 대충이 통하지 않는다. 하느냐? 안 하느냐?만 존재한다.

이러한 김 과장에게 영업 업무가 부여되었다. 매출과 M/S 목표가 부여되고 어떠한 일이 있더라도 목표를 달성하라는 일방적 지시가 내려졌다. 영업을 처음 하는 김 과장은 점주들을 찾아다니며 자기소개를 하고 제품판매를 시도하였으나 그들은 전혀 움직임이 없다. 본부장은 매일 지점의 실적을 체크하며, 가장 낮은 목표를 달성한 지점장에 대해서는 공식석상에서 질책이 있었다. 김 과장이 속한 지점은 항상 하위였고, 그중에서 김 과장의 실적이 가장 낮았다. 지점장은 김 과장을 불러 실적 부진의 이유와 개선 방안에 대해 A4 한 장씩 작성하고 퇴근하라는 지시를 내렸다. 김 과장이 아무리 생각해도 방안이 나오지 않았다. 완벽하지 않으면 실행하지 않는 성격도 문제가 되었다.

결국 김 과장은 지점장에게 찾아가 어떻게 하면 좋겠느냐며 의견을 물었다. 지점장은 김 과장을 데리고 점주 의장인 조 사장을 만나 저녁을 함께했다. 김 과장을 소개한 후, 이런저런 이야기를 나누다가 잘 부탁한다며 봉투를 주었다. 다음날, 지점장은 5곳의 대형 점주를 찾아가 인사드리고 전달하라며 준비된 선물을 준다. 김 과장에게 정중하게 처신하고 잘 부탁한다는 인사와 함께 전달하라고 시켰다. 김 과장은 이러한 행동은 정도경영에 어긋날 뿐 아니라 회사 경비로 이렇게 개인적 관계를 맺는 것은 잘못된 조치라며 강력하게 반발했다. 어제의 일도 꺼내며 이 부분은 정도경영팀에 이야기하여 시정토록 하겠다고 한다. 지점장은 잠시 넋이 나간 모습으로 가만히 김 과장을 응시했다. 누구를 위해 이런 행동을 했는데 철이 없어 보이기도 하고 무엇인가 부족한 사람으로 느껴지기까지 했다. 지점장은 김 과장에게 다 너를 위한 일이고 조직의 목표달성을 위한 일이라고 설명한 후, 너무 튀지 말라며 좋은 것이 좋은 거라는 조언을 한다.

선물을 가지고 나온 김 과장은 갈등이 심하다. 포기할 것인가? 아니면 백 번이라도 찾아가 회사 제품의 우수성을 설명하며 판매를 요청할 것인가? 경쟁사도 이런 방법으로 영업을 하고 있는 것일까? 지점장의 말대로 나만 바보 같은 행동을 하고 있는 것은 아닐까? 회사는 주지도 받지도 말라고 하면서 이 경비는 어디에서 나오는 것일까? 좋은 것이 좋은 거라고? 지금까지 온실에서만 자란 느낌이 들었다. 영업현장은 발로 뛰는 곳이라고 알고 있었는데 전부가 아니었다는 생각과 나보다 더 좋은 성과를 내는 사람들은 전부 이런 방법을 취하고 있구나 하는 생각이 들었다. 김 과장은 선물을 가지고 사무실을 나선다.

너희 부서 일을 왜 내가?

너희 일은 너희끼리 하라

이 부장은 항상 높은 목표를 설정하고 혼신을 다하는 스타일이다. 새로운 지시가 떨어지면 그 업무를 가장 잘하고 있는 회사를 기준으로 하여 그보다 높은 목표를 설정한다. 여러 직무를 경험하면서 쌓은 이 부장의 가장 큰 강점은 넓은 네트워크와 경쟁사 비교 및 통합적 사고이다.

작년에 종합기획실에 발령받은 이 부장은 CEO로부터 3개년 중장기 전략을 수립하라는 지시를 받았다. 현상 분석을 위해 이 부장은 사업 환경 분석, 경쟁사 분석, 본부별 추이 분석을 구상하였다. 본부별 추이 분석을 위해 각 본부에 지난 3년 동안의 성과 지표와 향후 전망과 관련된 양식을 작성하여 배포하였다. 업무 연락을 통해 회사의 중장기 전략을 수립하는 매우 중요한 자료인 만큼 기일 안에 심도 있는 분석과 전망을 해달라는 요청을 하였다.

마감 기한 3일 전에 담당 부서에 전화를 한 이 부장은 소스라치게 놀랐다. 5개 본부 중 4개 본부가 아직 시도조차 하고 있지 않았다. 찾아가 상황을 설명하니 "왜 너의 부서 일을 우리가 해야 하냐."는 식이었다. 기초자료도 너희가 다 가지고 있고, 사업 전망은 우리가 아닌 경영층이 하는 것이라며 자료 작성을 거부한다. 이것은 회사의 중장기 전략이며 전사 전략은 각 본부 전략의 총합으로부터 시작한다고 아무리 설명해도 소용없다. 너희 부서 일은 너희 부서에서 하라고 한다. 그것을 우리가 했을 때 우리는 고생만 하지 아무런 성과가 없고, 보고서가 완성되면 너희 부서가 성과를 가져갈 것 아니냐며 주장한다.

김 부장은 인재육성부서를 담당하고 있다. 각 본부의 인사교육 역량 강화를 위해 작년에 팀원들이 하나의 본부를 맡아 인사교육에 대한 제도 설명, 구성원 고충 처리, 관리자에 대한 HR 제언 등을 지원하였다. 조직장이 원하는 경우, HR진단을 통해 어느 부분이 개선할 점인가에 대한 간이 컨설팅도 수행하였다. 김 부장도 가장 큰 조직인 생산본부를 맡아 1년 동안 설명회와 많은 단위조직의 컨설팅을 수행하였다.

김 부장은 업무를 수행하면서 언제까지 인재육성부서에서 이 일을 담당하는 것은 어렵다는 판단 하에 각 본부별 인사교육 담당 인원을 선정하여 자신의 고유 업무와 HR업무를 수행하는 것이 바람직하다는 의견을 제안하였다. 그러자 본부장들은 너희들의 일을 왜 우리에게 떠넘기려 하느냐며 전문성을 가진 조직의 구성원이 담당하는 것이 성과가 높지, 알지도 못하는 사람이 배워 가면서 일을 하는 것은 한계가 있다며 반대한다. 본부의 HR 관련 업무는 HR부서의 일이라고 한다.

리스크가 높은
업무를 하라고요?

실패한 다음의 책임을 질 수는 없습니다

이 부장은 내년 임원인사를 앞두고 있다. 부서 내 가장 고참 부장이며, 철저한 성과관리 및 폭넓은 인맥을 보유해 특별한 실책이 없으면 임원이 될 것이라는 소문이 자자하다. 이런 이 부장에게 인도네시아, 말레이시아, 베트남에 진출 가능성을 타진하고 가능한 해외 법인을 검토하라는 특명이 떨어졌다.

이 부장은 3개국을 각각 3일간 출장을 가서 시장 동향을 살펴보았다. 시장은 한국에서 들은 것보다도 경쟁력이 없었다. 정부의 외국기업에 대한 지원책이나 국민들의 기업에 대한 인식도 높지 않았다. 국민소득이 낮아 소비가 활성화될 가능성도 높지 않았다. 국민들도 한국인에 비해 근면하거나 성실하지 않았다. 이 부장은 3개국으로의 진출은 시기상조라는 출장 보고서를 작성하였다. 이 부장의 상사인 김 전무는 이 부장의 출장보고서를 살펴본 후 수정을 지시하였다. 3개국 진출에 대해 보다 적극적인 검토를 하라고 했다. CEO가 글로벌 진출을 간절하게 원하니 가능하면 긍정적 보고서를 작성하라는 내용이었다. 또한 임원이 되기 위해서는 성과가 있어야 하는데 동남아 진출이라는 성과를 통해 임원이 되는 것을 확고히 하라고 한다.

실사를 통해 본 진출은 분명히 시기상조였다. 시장이 미성숙 상태였고 3개국에 회사의 브랜드가 알려지지 않았기 때문에 진출하면 실패가 분명하였다. 이 부장은 김 전무에게 시기상조라는 입장을 재강조하며 수정된 보고서에 대한 책임을 질 수 없다고 말했다. 김 전무는 시기상조라고 말하지 말라더 노력하면 될 수 있다는 식의 긍정적인 보고서를 작성하라는 지시를 내렸다.

리스크 높은 업무는 할 수 없습니다

서 상무는 회사가 지속적인 성장을 하기 위해서는 새로운 프로젝트를 추진해야 한다는 판단을 했다. 에너지 전문 회사의 R&D 센터를 책임지고 있는 서 상무는 이 팀장을 불러 산업용 전지의 가정용 전환에 대한 신규 프로젝트를 지시했다. 전지분야의 사내 전문가인 이 팀장은 산업용 전지의 가정용은 리스크와 개발 비용이 높기 때문에 시기상조라고 강조했다. 현재 회사 제품 대부분은 경쟁이 심한 상태이기 때문에 성장세가 매년 현저하게 떨어지고 이익도 낮은 수준이었다. 전지프로젝트는 이러한 상황을 해결할 수 있는 대안이었다. 그러나 이 팀장은 프로젝트의 성공이 회사에 미치는 영향은 잘 알고 있지만 실패를 함으로써 자신이 모든 책임을 지기는 싫었다. 결국 이 팀장은 서 상무의 계속된 지시에도 불구하고 시기상조라는 이유로 프로젝트를 수행하는 것을 거부한다.

퇴직관리

내 손에
피 묻히기 싫다

제 몫은 하잖아요

저성과자 관리를 하라는 CEO의 지시에 서둘러 김 부장은 안을 만들었다. 법적으로 문제가 없기 위해서는 저성과자에 대한 정의가 분명해야 하며 선발 및 평가 등에 회사가 해고 회피 노력을 해야 한다. 김 부장은 저성과자에 대한 정의를 내리고 3년까지는 교육과 별도 프로젝트 수행 등의 기회를 주고 4년 차에 개선의 기미가 보이지 않으면 명예퇴직을 실시하기로 했다. 그 어느 부서에서도 함께 근무하기를 꺼리는 구성원에 대해서는 별도 퇴직금을 주고 명예퇴직하는 안을 제시했다.

CEO는 안을 그대로 수용하고 먼저 저성과자와 별도 명예퇴직자를 선정하도록 지시했다. 김 부장은 조직장과의 개별 면담을 통해 20명의 저성과자와 5명의 특별 명예퇴직 대상자를 선발하였다. 5명의 특별 명예퇴직자는 회사에 출근만 할 뿐 그 어느 일도 하지 않는 과장급이었다. 개인성과평가도 맨 하위등급이었기에 조직장이 타 부서 이동을 간곡히 부탁할 수준이었다.

5명의 특별 명예퇴직자에 대해서는 본부장에 대해 제도상 명예퇴직금과 특별 명예퇴직금을 추가하여 퇴직 조치하는 것으로 하였다. 면담 및 퇴직은 전사 차원이 아닌 해당 본부에서 개별적으로 추진하는 것으로 했다. 한 달이 지났지만 어찌된 일인지 단 한 명도 퇴직하는 사람이 없었다. 스스로 하겠다고 해 놓고 막상 퇴직이 결정되자 모두가 내 임기 동안에는 끌고 가겠다고 한다. 심한 경우, 대상자가 잘못 선정되었다고 한다. 제 몫은 하지만 더 이상의 성과를 내지 않기 때문에 가장 낮은 평가 등급을 부여했다고 한다. 퇴직을 시킬 정도는 아니라고 한다. 조직장은 제발 다른 곳으로 이동시켜 달라고 하지만 의사결정권자는 일을 하고 있다고 한다. 심지어 그들은 출근하여 아무 일도 하지 않고 자리만 지켜도 대졸 신입사원 2배 이상의 급여를 받는다.

의사결정자는 냉정해야 합니다

김 부장은 본부장과의 만남에서 조직의 실상을 이야기하고 본부장께서 냉정해질 필요가 있다고 했다. 지금 당장은 마음이 편치 않겠지만 후배들을 위해 용단을 내려 달라고 요청했다. 본부장은 이런 일은 인사팀에서 할 일이지 현업에서 하라는 것은 무리라며 반대한다. 전원이 있는 곳에서 전사 이슈가 아닌 자연스럽게 개별 퇴직하는 방향으로 결정을 했음에도 자신이 퇴직시키기는 싫다고 한다. 일이 마무리되지 않고 한 달이 지난 후, 김 부장은 인사와 전혀 관계없는 부서로 발령이 났다. 승진을 앞둔 김 부장에게 추진력이 약하다는 이유가 전부였다. 본부장 가운데 단 한 명도 이 문제로 인해 CEO에게 질책을 들은 사람은 없다. 처음부터 하지 말아야 할 일을 한 김 부장만 희생양이 되었다.

내 젊음을 다 바쳤는데,
심한 것 아닙니까

젊었을 때 중동에 맨 처음 나간 사람이 누구입니까?

김 차장은 술만 마시면 주변 사람들과 주먹다툼이 심하다. 건설 현장에서 김 차장은 잔뼈가 굵고 목공으로서 최고 수준인 사람이었다. 그러나 건설 경기가 나빠지며 더 이상 목공이 필요하지 않게 되자 회사는 경영 악화에 따라 55세 이상인 사람에 대해 명예퇴직을 실시하기로 하였다. 바로 김 차장이 대상이었다.

인사팀장은 김 차장을 별도로 만나 퇴직 의사와 조건에 대해 이야기를 하였다. 김 차장은 그 자리에서는 별 말을 하지 않다가 술에 만취되어 사무실에서 난동을 부리며, "내가 젊었을 때 회사를 위해 맨 처음 중동에 나가 그 고생을 했고 젊음을 다 바쳐 이 회사가 이만큼 성장했는데 나에게 이럴 수 있나."며 소리를 질렀다. 건장한 젊은 사람들이 말리자 "너희들도 나중에 늙으면 회사로부터 팽 당한다. 이 회사는 그런 회사다." 하며 저항했다.

　회사 내에서 낮은 부가가치 업무를 수행하면서 급여 수준이 매우 높은 고참들이 있다. 고등학교 졸업자가 한 달만 배우면 수행할 수 있는 업무를 무려 4배 이상의 급여를 받는 고참들이 하고 있다. 그것도 매우 낮은 생산성으로 수행한다. 이들은 결코 서두르는 법이 없다. 아니 서두를 일도 아니다. 의사결정을 요하는 업무는 이들에게 부여되지도 않는다. 젊은 직원들이 야근을 해도 이들은 야근하는 법이 없다. 그렇다고 젊은 직원을 데리고 나가 소주를 사주는 일이 없다.

　팀 회식 자리에서는 항상 옛날이야기이다. 20년 전에 화재가 발생했을 때 서류함을 들고 뛰어 나왔다고 자랑한다. 중동 그 뜨거운 날씨에 밤낮없이 일했다고 한다. 앞만 보고 달렸다고 한다. 지금처럼 컴퓨터가 없어 손으로 직접 기안을 했다고 한다. 회사만 보고 살아왔기 때문에 아내와 아이들 생일을 챙겨줘 본 적이 없다고 한다. 아이가 아파 조퇴하는 젊은 직원들을 보면 한심스럽다고 한다. 더 회사에 남아 일해야 한다며 자신들의 젊음은 이렇게 일하면서 다 바쳤다고 한다. 그러면서 지금은 그 도전, 그 열정은 하나도 없이 저부가가치 업무를 하면서 정년퇴직을 기다린다. 김 차장은 아무 일 없었다는 듯이 출근하여 무엇인가 몰두한다. 아무도 그가 중요한 일을 하고 있다고 생각하지 않는다. 그는 입만 벌리면 옛날 열심히 일한 이야기만 한다.

중식시간에 신입사원이 인사팀장에게 묻는다. "김 차장님은 회사 다니면서 급여를 받지 않았나요?" 맨날 내 젊음을 다 뺏어간 회사라는 불평을 이제는 신입사원마저 듣기 싫은 모습이다. 회사는 일한 대가로 근무환경을 조성하고 급여를 지급했다며, 회사로부터 받은 것은 당연한 것이고 자신이 일한 것간 생각하는 김 차장의 처신이 올바르지 못하다고 이야기한다. 어린 신입사원에게 더 이상의 이야기를 해 주지 못하고 인사팀장은 식당을 나왔다.

식사도 혼자 합니다

서 부장은 고참 중에 고참이다. 2년 전, 동기들이 다 명예퇴직을 신청했지만 서 부장은 끝까지 잔류하였다. 재무팀장에서 보직해임되어 인력개발팀의 담당부장으로 근무하게 되었다.

인력개발팀에서 서 부장이 담당하는 업무는 사이버 학습이다. 집합교육 담당은 후배들이 꺼려했다. 회사 고참인 서 부장에게 부탁하기도 어렵고 진행자가 이것저것 챙겨야 하는데 물건 들고 다니는 것도 쉽지 않았다. 사이버 담당은 주로 메일을 통해 업무가 이루어지는데 서 부장이 담당하고 난 다음부터는 메일이 끊겼다. 학습자가 담당이 서 부장임을 알고 불편하기 때문에 과정에 문제가 생기더라도 대충 넘어갔다.

서 부장은 중식시간이 되면 남들보다 20분 먼저 식당을 간다.

혼자 식사를 하고 팀원들과 함께 식사를 하는 경우가 없다. 팀장도 5년 후배이기 때문에 문제가 발생하지 않으면 업무적으로 이야기를 하지 않는다. 팀 회식은 항상 열외이다. 어느 경우에는 팀 전체 미팅에도 빠지곤 한다. 찾아오는 사람도 없고 방문하는 곳도 없다. 간혹 사이버 학습 회사에서 새로운 프로그램을 가지고 오곤 하지만 미팅이 되지 않기 때문에 이마저도 팀장에게 직접 연락을 취한다.

서 부장과의 면담을 통해 좀 더 적극적으로 근무할 것을 이야기해 보았다. 국내 유명대학 유명학과를 졸업하여 재무 파트에 근무하게 된 서 부장의 자부심은 남달랐다. 자신도 이렇게 사람들을 기피하며 후배들에게 짐이 되고 싶지 않다고 한다. 그러나 현실적으로 아내가 직장을 더 다니라고 하며, 아이들도 졸업하고 시집갈 때까지 직장을 다니기를 원한다. 혼자 공인중개사 공부를 하면서 노후를 생각하지만 이 또한 쉽지는 않다고 한다. 명예퇴직을 이야기해보았지만 나가서 할 일이 없고 그나마 이 회사는 30년 가까이 근무했기 때문에 편하다고 한다. 더 이상 회사에서 꿈이 없기 때문에 그냥 주어진 일을 열심히 할 뿐이라고 한다.

회사에서 퇴직을 앞둔 직원들에게 전직훈련 프로그램을 도입하는데 참석해 보라고 했다. 이미 의지가 꺾인 상태에서 그 무슨 지원도 도움이 되지 않는다. 정년이 될 때까지 다른 방법이 없다고 한다. 어느 순간 인력개발팀에서도 가장 낮은 평가등급은 서

부장이라며 안도해 한다. 불만도 없다. 서 부장의 업무는 정해져 있기 때문에 그 업무만 간섭하지 않으면 된다. 그 누구도 서 부장과 이야기를 나누는 사람이 없다. 같은 팀에 있으면서 완전한 이방인이다. 서 부장은 자신의 책상을 사무실이 아닌 회의실로 옮겨 달라고 한다. 서로 불편하기보다는 사이버 담당이기 때문에 조그만 회의실에서 근무하면 좋지 않겠냐는 의견과 함께.

갈 곳,
아니 보낼 곳이 없습니다

받을 분 있습니까?

매년 2월이 되면 사원 인사가 시작된다. 우수한 사원은 서로 데려가려고 한다. 재무팀에 근무하는 이 대리는 경영전략과 영업기획팀에서 줄다리기 중이다. 정작 이 대리는 외환파트에서 2~3년 경험을 쌓고 해외 MBA를 꿈꾸고 있다.

반면 저성과자는 아무도 데려가려고 하지 않는다. 대기업임에도 불구하고 누가 어느 부서에서 문제아라고 소문이 자자하다. 작년에 한번 이끌어보겠다고 다른 부서의 저성과자를 데려간 팀장이 고생을 많이 했고 그 사람이 문제를 더 만드는 바람에 징계까지 당했다고 한다. 그 어느 조직이든 역량이나 열정이 떨어지는 사람이 있다. 초우량기업은 이러한 사람들에게 퇴직을 통한 새로운 기회를 열어주고 있지만 초우량기업이 아닌 경우, 타 직장을 구하기가 어렵다. 결국 특별한 문제를 야기하지 않는다면 끝까지 끌어안고 갈 수밖에 없다. 저성과자가 근무하는 부서의 부서장은 다른 부서장에게 아무 조건 없이 보내준다고 한다. 사실 팀원들도 내심 원하지만 표현을 할 수 없는 상황이다. 문제는 아무도 이들과 함께 근무하기를 원하지 않는다는 데 있다.

저성과자인 김 과장과 함께 근무하는 이 팀장은 김 과장 때문에 고민이 많다. 회사는 저성과자는 전적으로 조직장의 책임이라며 어떠한 대책이 없다. 영업을 담당하는 김 과장이 잘못한 업무 때문에 고객에게 사죄하고, 대리점 사장에게 피해를 끼쳐 조직 차원에서 해결한 적도 있다. 신입사원도 혼자 영업 현장에서 각종 문제들을 해결하는데 김 과장은 혼자 영업을 보낼 수가 없다. 내근을 시키면 PC 조작능력이 떨어져 데이터를 잘못 입력하여 과거 자료까지 엉망으로 만들어 놓는 실정이다. 지금은 사무실에서 영업사원을 지원하고 전화 받는 일을 담당한다. 이 또한 계약직 여사원이 대부분 처리하기 때문에 김 과장의 업무는 사실상 없다.

이 팀장이 직접 김 과장에게 업무를 알려주고 있으나 진척이 없다. 고민하려 하지 않고 자발적으로 하려는 자세가 되어 있지 않다 보니 어느 순간 포기해 버렸다. 차라리 김 과장이 없다고 생각하니 마음이 편했다. 2월 사원 이동 1순위로 김 과장을 올려놓았지만 올해도 작년과 동일하게 너희 부서 일이니 이 팀장이 책임지라는 말만 돌아왔다.

이 팀장은 후배인 정 팀장을 찾아갔다. 정 팀장은 계약직 사원으로 구성된 콜센터 센터장이다. 계약직 사원을 관리하는 업무를 담당하게 하면 어떻겠느냐고 협의하였다. 1주일 근무 후 결정하겠다던 정 팀장이 2일차에 전화가 와서 돌려보내겠다고 한다. 아무리 업무를 설명해도 배우려 하지 않는다고 한다. 아니 이해를 하지 못한다고 한다. 고등학교만 졸업해도 할 수 있는 일을 대학교까지 졸업한 과장이나 되는 사람이 전혀 처리하지 못한다고 한다.

김 과장이 돌아오자 사무실 분위기는 다시 침묵으로 바뀐다. 이 팀장은 본부장에게 김 과장을 다른 부서로 보내달라고 요청했지만 돌아온 것은 본부장의 짜증난 목소리뿐이었다.

파급효과를
생각하다

괜히 구성원을 자극할 필요가 없잖아요

저성과자로 인식된 직원과 함께 생활하는 조직장을 만나면 볼멘소리를 한다. 인사부서가 제발 데려가 처리해 줘야 하는데 현장 관리자에게 일임하고 나 몰라라 한다며 언성을 높인다. 인사부서 입장에서도 딱히 할 일이 없다. 회의실에 그들을 모아놓고 도전과제라는 미명 하에 큰 기대를 하지 않는 저부가가치의 프로젝트를 시킬 수밖에 없다. 관리 책임도 있고 문제라도 발생할 때에는 현장의 상사와 같은 인간관계가 깊지 않아 수습할 방법이 적다. 모인 사람들 간에 집단행동이 발생할 가능성도 있기에 망설여진다.

김 부장은 저성과자 퇴직 대책을 3단계로 구분하여 제시하였다. 1단계는 기회부여 후 육성이다. 3개년 성과가 최하위인 구성원에 대해 2주 코스의 역량강화 프로그램에 입과 후, 성적을 보며 현업부서 배치 또는 타 부서 이동을 검토한다. 교육이나 이동이 끝난 다음의 평가에서 다시 최저 등급을 받는다면 완전히 현업에서 제외하여 프로젝트를 중심으로 이끌어 가도록 하였다. 2단계는 적극적 전배 추진이다. 통상적으로 직장인이 퇴직하는 1순위가 상사와의 갈등이다. 상사와 코드가 맞지 않으면 아무리 노력해도 성과로 인정받기가 어렵다. 어제까지 고생을 해 준비한 보고서가 상사가 갑자기 출장을 가는 바람에 하루아침에 의미를 갖지 못하는 경우도 종종 있다. 3단계는 명예퇴직의 실시이다.

　김 부장은 인사위원회에서 3단계 추진의 배경과 기대효과 및 방법에 대한 보고를 하는 중에 전략본부장이 "만약 끝까지 나가지 않고 이들이 집단행동을 하거나 새로운 노조를 만들어 저항한다면 대책이 있느냐? 우리 회사는 신뢰를 기반으로 지금껏 성장한 회사인데 이런 방안을 가져간다면 신뢰는 까지는 것이 아니냐?" 하며 반대했다. 다른 임원들도 같은 의견이라며 반대가 심하다. 김 부장은 잘하는 사람과 못하는 사람을 똑같이 처우한다면 회사의 경쟁력이 떨어지며 잘하는 사람들이 퇴직하게 될 것이라고 강조하며 회사 내 건전한 경각심을 가져가는 것도 필요하다고 역설했다. 김 부장이 책임질 것이냐는 질문에 김 부장은 대답을 하지 않고 회의를 마쳤다.

영업 1팀의 이 팀장은 오늘도 고객의 항의 전화를 받았다. 팀원 중에 저성과자인 성 대리가 고객에게 보내야 할 물건을 잘못 보낸 것이다. 그것도 1주 전에 보냈어야 하는데 고객의 항의로 보낸 사안이었다. 이 팀장은 성 대리에게 직접 고객을 찾아가 정중하게 사과하고 물건을 전하라고 특별 지시를 내렸다. 성 대리는 사과의 말 한마디 없이 왜 그렇게까지 해야 하냐면서 나간다. 이 팀장은 불안하기만 하다. 자신의 일을 처리하지 못하는 성 대리로 인하여 일을 잘하는 3명의 과장이 성 대리 일까지 하는 상황이다. 그들은 매일 불만이다. 차라리 성 대리가 없으면 내 일이라고 생각하고 하겠다고 한다. 임원들은 CEO에게 우리 회사에 자신의 역할을 하지 못하는 사람은 없다고 이야기한다.

PART

5

비효율적인
업무 관행

보고/
의사결정 관행

중요한 안건일수록
단독 보고한다

전무님, 보고 결과는 어떻게 되었나요?

이 전무는 아래 팀장에게는 업무 담당자와 함께 보고하라고 강조한다. 담당자와 함께 보고하면 커뮤니케이션기 보다 신속해지며 불명확한 지시를 줄일 수 있기 때문이라고 한다. 보고 시에는 팀장보다는 담당자에게 직접 이야기하는 경향이 심하다. 어느 순간 팀장은 내가 이 자리에 왜 있는가하는 생각이 들기도 한다. 그러나 자신이 보고하러 갈 때는 항상 혼자이다. CEO도 경영회의에서 여러 번 담당 팀장과 배석하라고 했지만 배석한 적이 없다. 보고는 자신의 역할이라고 생각한다.

CEO 보고를 할 기회가 많지 않다 보니 동시에 여러 보고를 하게 된다. 이 전무는 보고 후 팀장을 불러 피드백을 하지 않는다. 며칠이 지나 팀장이 조심스럽게 물어본다. "전무님, 이전에 보고 올린 A 안건은 통과되었나요?" 그때서야 승인되었다고 이야기한다. 더 심한 경우는 그 보고서를 다시 한 부 출력해 달라고 한다. 어디에 놓았는지 알지도 못한다. 결재를 올리면서 CEO가 무슨 이야기를 했는가에 대한 피드백이 없다 보니 어느 경우에는 엉뚱한 결과를 창출하게 된다. 보고서의 결론이 달라지면 이 전무는 팀장을 질책한다. 이렇게 해야지 왜 그렇게 했냐는 식이다. 방향을 제시해 준 적이 없다. 항상 주제와 기간만 있을 뿐이다. 고심하고 프로세스를 만들어 결론까지 도출하는 것은 팀의 몫이다. 보고서를 가지고 가서 CEO가 다른 방향으로 이야기하면 한참을 가지고 있다가 자신의 생각인양 수정을 지시한다. 그 방향은 이러 이러한 문제가 있어 성과도출이 어렵다고 하면 무슨 소리냐며 일단 작성해 오라고 한다. 그 자리를 파한 후 시간이 지나 다시 건의해도 주장을 굽히지 않는다.

팀장 혼자 보고하면 왜 지시를 따르지 않느냐고 질책한다

담당자와의 배석이 항상 옳지만은 않다. 방향이나 전략을 수립하거나 의사결정을 함에 있어서 팀장만의 생각이 있을 수 있다. 또한 팀장도 임원과의 대화가 필요하다. 이 전무는 팀장 혼자 들어오는 것을 인정하지 않는다. 실무를 하는 사람은 담당자이기 때문에 반드시 담당자와 함께 보고하라고 한다. 김 팀장은 구성원 커뮤니케이션 활성화 방안을 담은 보고를 할 때 혼자 들어갔다. 보고서를 보기도 전에 왜 혼자냐고 묻는다. 커뮤니케이션 활성화 방안에 대한 전무님의 의견을 듣고 싶다고 하니 그것을 마련해 오라고 한 것 아니냐고 한다. 위에서의 방향제시가 없이 그 방대한 주제의 업무를 할 수 있겠는가? 김 팀장은 커뮤니케이션 채널이나 내용, 방법 그리고 이 보고를 하게 된 배경, 기대효과 등을 물었지만 돌아온 대답은 초안을 만들고 이야기하자이다. 그리고 담당자와 함께 들어오라고 강조한다.

전결규정?
사소한 것도 보고해야 해

전무님, 이것은 전무님이 승인해 주셔야 합니다

이 과장은 보고서에 A사안은 전결규정 0조 0항에 의거, 본부장 전결임이라는 명시를 하며 본부장에게 결재를 요청하였다. 김 전무는 분명 본인의 전결사항이었으나 놓고 가라고 한다. 이 과장이 완료 일정이 내일이고 재무팀과 협의도 해야 해서 급하다는 이야기를 하는 순간 질책이 이어진다. 그렇게 급한 일이면 사전에 충분한 기일을 갖고 일을 추진해야지 이렇게 시급하게 요청하면 어떻게 하냐는 내용이다. 이 과장은 죄송하다고 말하면서도 승인을 기다렸다. 김 전무는 내일 오전에 사장님에게 보고 후 조치하겠다고 한다.

이 과장은 더 이상 기다릴 수가 없어 자리에 돌아와 재무팀의 동기에게 통사정한다. 내일 대금이 나가야 하는데 본부장이 부재중이라 어찌할 수 없다며 미안하다고 한다. 동기인 최 과장은 내일 오전에 반드시 승인된 기안이 있어야 한다며 오전 중의 조치를 당부한다. 이 과장은 동기가 재무팀에 있는 것이 그렇게 고마울 수 없었다. 협력업체의 대금처리가 하루 이상 늦어질 수 있는 상황이었다.

다음날 아침, 출근해야 할 본부장이 갑작스러운 지시에 의해 지방 출장을 갔다고 한다. 팀장에게 물어보니 미결 상태였고 금일 돌아올 가능성은 없다고 한다. 본부장에게 전화를 드리니 지금 회의 중이며 그런 일로 전화까지 하냐며 역정을 낸다. 협력업체와 재무팀에 전화하여 하루 연기를 요청한다. 오전이 어떻게 지나갔는지 모른다. 다만 오늘 대금 지급만 기다린 협력업체에 죄송할 뿐이다.

김 팀장, 지금 제정신인가요?

경력으로 입사한 김 팀장은 규정에 있는 범위 내에서 담당자에게 업무를 지시하고 처리했다. 담당자는 과장 승진자 교육의 일시와 장소 그리고 프로그램을 정해 대상자들에게 통보했다. 하필이면 그날은 영업본부의 야유회가 있는 날이었다. 단위 조직의 일이다 보니 전사 차원으로 알려지지는 않았지만 전체 교육생의 1/4이 선택할 수밖에 없는 상황이었다.

김 팀장은 야유회보다는 승진교육에 참석해야 한다고 영업본부장에게 이야기했고, 영업본부장은 김 팀장의 상사인 경영지원 본부장에게 선처를 요청했다. 이런 상황을 모르고 있던 본부장은 김 팀장을 불러 왜 자신도 모르게 일을 처리했느냐며 호통을 친다. 과장 승진자 교육이 회사에 얼마나 중요한 과정인데 한마디 상의도 없이 일정, 장소, 프로그램을 결정했느냐며 전체 연기하라는 지시를 내린다.

김 팀장이 보고를 하지 않은 것은 잘못이지만 이 업무는 자신의 소관이라며 이야기를 했다. 본부장은 김 팀장에게 제정신으로 이야기하는 것이냐는 강한 불만을 나타내며 옛날에는 사소한 일까지 전부 보고했다고 강조한다. 왜 전결규정이 필요하냐는 한마디에 입사한 지 2년이 지났지만 아직 회사의 문화를 파악하지 못한 무능한 관리자로 전락하였다.

본부장의 질책을 들은 구성원들은 하나에서 열까지 다 보고해야 하는 회사의 문화에 질식할 수밖에 없었다. 다들 내가 혼나는 것이 아니어서 다행이라는 표정이다. 당연히 책임을 갖고 추진해야 할 일도 시시콜콜 상사에게 다 이야기해주는 관리자가 뛰어난 관리자가 된다.

잘된 일,
좋게 포장된 일만

그걸 왜 보고해?

이 주임은 현장에서 실족하여 심각한 다리 부상을 당해 병원으로 급히 실려 갔다. 사무실의 김 과장은 급히 사고현장에 가서 주변 사람들의 이야기를 듣고 사고보고서를 작성하여 보고했다. 병원에서는 3개월 이상 치료를 해야 하며 경과는 지켜봐야 한다고 했다. 김 과장은 산재처리를 하자고 보고서에 담았다. 회사는 100만 시간 단위로 무재해시간을 달성하면 직원들에게 특별 성과금을 지급하고 있었다. 3개월 전에 400만 무재해 시간을 달성했고, 이제 20여 일만 사고가 없으면 회사 설립 이후 최초로 무재해 500만 시간 달성이 이루어진다.

보고를 받은 팀장은 산재 또는 병가처리를 하지 말고 개인 휴가 사용으로 상황을 지켜보자는 지시를 내렸다. 김 과장의 반대에도 불구하고 팀장은 본인 부주의에 의한 개인사고이며 이 일로 인해 무재해 500만 시간 달성이 무산될 경우 조직에 올 피해를 생각해 보라고 한다. 김 과장은 무재해시간은 이미 깨졌고 병원에 있는 이 주임에게 도움되는 방향으로 결정해야 하지 않느냐고 하였지만 질책만 받았다.

김 과장은 수용할 수 없는 지시이기 때문에 공장장에게 직접 보고를 하였다. 공장장은 사실을 몰랐다고 하면서 산재처리에 대해서는 팀장과 동일한 결론을 내렸다. 회사 최초로 500만 무재해시간 달성은 큰 의미가 있기에 며칠 앞두고 이것이 무산된 것에 대한 실망과 질책을 감당하기 쉽지 않은 모습이다. 자신이 알아서 처리하겠다고 한다.

사무실에 돌아오자 팀장의 격한 질책이 이어진다. 네가 뭔데 나에게 한마디 상의도 없이 공장장에게 보고했냐며 온갖 이야기를 퍼붓고 난 후, 서면 경고하겠다며 지시불이행을 했다는 보고서를 작성해 제출하라고 한다. 김 과장은 자리에 앉으면서 사람의 생명보다는 자신의 안위만 생각하는 조직장의 모습에 실망감을 느끼며 생각에 잠겼다.

내용보다는
형식이 중요하다

보고서는 무조건 예뻐야 해

이 대리는 보고서 꾸미기에 여념이 없다. 기본적인 틀은 다 잡아놓고 자료의 요점도 정리되었지만 아무리 살펴봐도 보고서가 예쁘지 않았다. 지난 번 전략팀의 보고서는 칼라의 색도 은은하고 강조할 부분은 도표와 굵게 색이 강조되어 한 눈에 보아도 보기 좋았다. 이 대리는 파워포인트 도형들을 살펴보며 어느 것이 가장 좋은가를 살피고 살폈다. 하지만 모두 마음에 들지 않아 고참인 정 부장에게 어떻게 표현하는 것이 좋냐고 물어 보았다. 정 부장은 과거 자신이 작성한 양식을 알려 주었다. 내용에 대해서는 한마디 언급이 없었다.

이 대리는 5페이지 보고서를 작업하는 데 5일이 소요되었고, 그중에 4일은 내용을 수정하기보다는 도표, 색 그리고 문장을 가다듬는 데 활용하였다. 다음날 보고를 하니 팀장이 가장 먼저 지적하는 것은 색이었다. 사장님께서는 은은한 연두색을 좋아하시는데 왜 분홍색으로 했느냐고 한다. 이 대리는 자리로 돌아가 분홍색을 은은한 연두색으로 수정한다. 그 안의 내용은 이미 관심 밖이다.

안전기획실에 근무하는 김 과장은 황당했다. 을지훈련 안내를 위해 자료를 작성하면서 파워포인트보다는 워드로 편하게 훈련을 공지했다. 일상적인 훈련이었고 공지 수준의 내용이면 충분했다. 공지가 나가고 1시간도 안 되어 안전기획팀장에게 호출되었다. 다른 팀의 부서메모는 전부 파워포인트이며 문서 하나하나가 정성이 가득한데 김 과장의 안내문은 담당자의 정성이 없다며 재작성하라고 한다. 이미 공지되어 많은 사람들이 열람했고 단순 알림 기능만 필요한데 예쁘게 꾸밀 필요가 있느냐고 하니 담당자가 직무에 대한 정성이 부족하다고 한다. 많은 기업들은 최대한 스피드하고 간결한 문서를 요구하는데 한 줄이면 되는 문서를 불필요한 목적, 기대효과, 실시 내용 및 주의사항까지 해당자가 봐도 전혀 도움되지 않는 내용까지 갖추라고 한다.

우리 팀은 왜 저렇게 작성하지 못하나?
경영위원회를 다녀온 전략팀장은 팀원들을 모아놓고 연구소의 보고서와 기존 팀에서 작성한 보고서를 비교히 가며 연구소의 보고서와 같이 작성하라고 한다. 연구소의 보고서는 외부 컨설팅을 받은 듯, 전체적인 형태가 일관성이 있었다. 무엇보다 각 장은 도표가 중심이 되어 보기 좋게 되어 있었고 한 장에 하나씩 주장하는 내용이 분명했다. 장·단점에 대한 분석도 명확했다. 전략팀장은 보고서는 이렇게 작성해야 한다며 향후 전략팀에서 만드는 보고서는 이 수준을 유지하라고 한다.

전략팀의 보고서는 중장기 전략처럼 연구소의 보고서와 유사하게 작성할 내용도 있지만 메모 보고와 같이 형식에 관계없이 급히 올려야 하는 보고도 있었다. 전략팀장은 단순 보고일지라도 형식을 갖추라는 지시에 따라, 급히 올려야 하는 보고 내용도 일정한 틀을 만들어 틀 속에 내용을 맞추는 이중작업으로 시간을 보낸다. 팀원들도 서로 다른 보고 내용을 주어진 틀 안에 맞추려하다 보니 무슨 내용인지 설명을 듣지 않으면 이해가 안 되는 경우도 발생하였다. 무엇보다 팀원들의 보고서 작성에 대한 스트레스가 심해졌고 야근의 대부분의 이유는 새로운 탈상, 새로운 사업이나 제품에 대한 제안이 아닌 보고서 작성에 있었다. 팀장은 그러한 사정을 아는지 모르는지 요즘은 보그서가 늦는다고 성화이다.

한 보고서의
버전이 25개

이 과장, 또 오타잖아

이 과장에게는 과거에 없던 버릇이 생겼다. 보고서를 수정하고 전에 작성한 보그서를 버전1, 버전2 등으로 표시하고 그대로 남겨둔다. 김 상무는 직원들이 보고서를 올리면 올릴 때마다 수정한다. 수정하여 전달하면 또 수정이다. 직원들은 이제는 당연히 수정한다고 생각하고 지시한 것만 수정한다.

이 과장이 금번 올린 보고서는 새로운 제도를 도입하는 것으로 벌써 버전20이 넘었다. 20번 이상 수정한 상태에서 김 상무는 타사 자료와 비교를 하라는 수정지시를 내린다. 이미 수없이 많은 고민을 하고도 남은 시점에 타사 자료를 요구한다. 이 과장은 친구들과 선후배를 동원하여 타사 자료를 어렵게 구했지만 자료의 년도까지 맞출 수는 없었다. 타사 자료는 1년 전 자료였다. 김 상무는 동일한 년도의 비교가 중요하다며 재작업을 요구한다. 타사의 자료에 맞추다 보니 보고서의 자료가 전부 전년도 자료가 될 수밖에 없었다. 왜 올해 자료가 아니냐며 올해 자료를 요구해 와 타사 자료를 구할 수 없다고 하자, 담당자가 악착같은 면이 없다며 무조건 습득해야지 안 된다는 말이 어떻게 나오냐고 한다. 이 과장이 상무님께서 도움을 주셨으면 한다고 요청하자 그것은 담당자 일이라고 한다. 결국 학교 선배를 찾아가 어렵게 사정하여 올해 자료를 구했으나 몇 개는 얻을 수 없었다.

보고서를 받은 김 상무는 중간에 빈칸에 대해 한 차례 지적을 한 뒤, 이번에는 보고서의 순서를 전부 바꾼다. 결론이 가장 앞, 프로세스와 경쟁사 비교가 뒤에 있었는데 경쟁사 분석을 통한 프로세스와 결론을 뒤로 하라는 지시다. 이 과장은 24번의 수정을 하고 보고서를 제출했다. 김 상무는 오탈자가 있다며 마지막 수정을 해오라고 한다. 보고서 앞뒤를 바꾸면서 조사가 잘못되어 있었다.

버전25를 마친 후 지시사항이 없다. 회사의 중장기 전략도 아니며 전 임직원에게 큰 영향을 주는 제도 도입도 아닌 단순 제도의 도입 보고서를 작성하는 데 꼬박 1주일 이상 소요되었다. 이 과장은 버전1과 버전25를 비교해 보았다. 순서가 바뀌고 중간에 경쟁사 자료가 포함된 것 이외에는 큰 차이가 없다. 사실 본부장께 보고하고 실행하면 되는 보고서였다. 대표이사까지 올라가지도 않는 보고서에 버전25는 심하다는 생각이 들었다. 선배인 장

차장은 그것도 빨리 끝난 것이라며 칭찬해 준다.

장 차장은 지난 CEO보고서 작성 이야기를 하면서 직장인의 애환을 토로한다. EAP(구성원 지원제도) 도입 보고서를 작성하는 데, 보고 내용보다는 사장님의 질문에 대한 첨부 작성에 버전20을 넘겼다고 한다. EAP 정의, 도입에 따른 유형, 실시하는 회사 그리고 기대효과 등을 보고서 본문에 담았는데 비밀 유지 방안, 어느 정도 활용할까, 타사 제도와의 비교, 도입 시 구성원의 반응, 어느 영역에 가장 선호도가 높을까, 언제 이용하나, 이것을 통해 회사와 구성원이 얻는 혜택 등에 이어 외부 아웃소싱을 했을 때의 분야별 상담인력 분석까지 작업하느라 며칠을 밤샘작업을 했다고 한다. 본문 보고서는 5페이지였지만 첨부는 30페이지가 넘었고, 보고 시 CEO는 도입하면 구성원에게 좋은 제도겠다는 말 한마디가 전부였다고 한다. 혹시나 모를 CEO의 질문에 답하기 위해 버전20을 넘기는 사태가 발생한 것이다.

> # 또 수정하라니,
> # 언제 보고하려고…

상무님, 이 보고서는 어제 실행되었어야 했습니다

구 과장의 마음은 시커멓게 타 들어간다. 이미 시행되었어야 하는 제도의 도입이 아직 상무의 손에서 떠나지 않고 있다. 이 상무는 자신의 맘에 들 때까지 보고서를 승인하는 적이 없다. 보고서의 내용도 중요하지만 형태와 용어 선택, 문장 하나하나 점검한다. 보고서의 내용은 단순하다. A4 3페이지 쿨량으로 왜 이 기획을 하는가도 분명했고 추진 프로세스도 지금까지 해오던 방식과 다를 바가 없었다. 이 상무는 뭔가 새로운 창의가 요구된다며 구성원들의 생각을 파악하여 담아보라고 한다.

10%의 본부 및 직급별 인원을 감안하여 사전 조사를 하였다. 사전 조사를 반영하기 위해 3일 정도의 시간이 소요되었다. 경쟁사와의 비교를 지시하여 5일 정도 소요되었다. 구 과장이 생

각한 데드라인은 점점 다가오는데 이제는 틀을 가지고 이야기한다. 구 과장이 이 상무에게 시간이 촉박하다고 하자 이 상무는 조급히 서둘다가는 더 큰 폐해를 줄 수 있다며 신중하게 업무를 처리해야 한다고 한다. 틀린 말은 없다. 구 과장은 수정사항을 받아 적고 보고서를 수정하고 혹시나 하는 마음에 꼼꼼히 살펴본다. 오탈자도 없고 내용도 깔끔하였다.

이 상무에게 보고하니 최근 5개년 추이를 담으라고 한다. 구 과장이 이 제도는 과거 자료를 기반으로 할 필요가 없다고 말했지만 모든 제도는 과거 변천을 살피면 의사결정에 시사점을 얻을 수 있다며 늦은 만큼 서두르라고 한다. 5개년 자료를 정리하고 분석하느라 3일이 소요되었다. 어느덧 마감 날짜는 지났다.

이제 구 과장은 이 상무가 시키는 일만 한다. 보고시기를 놓친 보고서에 더 이상 미련을 갖지 않는다. 이 상무는 구 과장을 불러 새로운 지시를 한다. 구 과장은 지시사항을 받아 적으며 이 조직을 떠날 생각을 한다. 이 상무는 구 과장에게 기한이 지난 보고서를 본부장에게 설명하고 추진하라고 한다. 결재를 받으러 가는 구 과장의 발걸음은 무겁기만 하다.

유 차장은 이 상무가 보고기한의 개념이 없음을 알고 있기에 의도적으로 실행에 임박하여 보고서를 제출한다. 이 상무는 마감기한이 다 되었음에도 꼭 수정을 지시한다. 유 차장 역시 지시사항만 수행한다. 더 이상의 고민이 없다. 내가 한 일과 이 상무의 지시는 별개라는 생각을 가진 듯하다. 지시가 없으면 더 이상의 일을 하지 않는다. 그냥 시간을 보낼 뿐이다.

　이러한 모습이 바람직하지 않기 때문에 이 상무는 자신이 더 많은 수정을 하고 일을 가르쳐 준다고 생각한다. 그러나 팀원들은 자신이 올린 보고서는 결국 수정될 건데 굳이 고민해서 보고서를 작성할 필요가 뭐 있느냐는 심정으로 일을 한다. 답답하고 초조해지는 것은 이 상무이다. 이 인력을 가지고는 자신이 하고 싶은 프로젝트를 할 수 없다는 판단을 한다. 올 가을 조직개편에서 가능하면 전원을 교체하고 싶다는 생각에 잠긴다. 같은 순간 팀원들은 이 상무가 이번 조직개편에 다른 곳으로 자리를 옮기기를 기원한다.

본부장님, 이것은 지난 몇 년간 실시했던 내용입니다

오 본부장은 지난번 S대 경영학과 박 교수와의 미팅을 잊을 수 없다. 박 교수가 직원들이 고민을 하지 않고 모든 의사결정을 사장에게 떠밀고 지시만 받는 사람이 되어 있는 한 중소기업을 자문해 주었다고 한다. 결론은 직원들을 고민하게 만들기 위해서는 '모든 보고서의 대안을 2개 이상 마련하고 장·단점을 분석하게 하라.' 였다.

오 본부장은 즉시 이 방법을 시도하였다. 자신에게 올리는 모든 보고서의 대안을 2개 이상 만들고 장·단점을 분석하라고 지시했다. 그 순간부터 본부 내 모든 직원들은 신경질적이 되었다. 본부장이 지금까지 루틴하게 해온 일들에 대해서도 반드시 대안을 만들고 장·단점 분석을 하라니, 초등학생도 아니고 설득이 되지 않았다.

　김 차장은 본부장에게 신입사원 OJT 계획을 결재 받으러 갔다가 30분 이상 꾸중을 들어야 했다. 지금까지 관행으로 신입사원 OJT는 3일로 회사 비전과 전략, 제도 소개 그리고 부서장과의 대화로 진행되었다. 특별히 의사결정을 해야 하는 가치 있는 일도 아니고 담당인 유 대리가 출장이었기 때문에 김 차장이 급히 예전 자료를 중심으로 작성한 것이었다.

　오 본부장은 자신의 지시사항에 대한 불이행과 고민 없이 과거에 했던 그대로 한다며 안정추구는 곧 쇠퇴이며 망하는 지름길이라며 역정을 냈다. 틀린 말은 아니지만 그 역정을 다 들어야 하는 김 차장은 짜증과 화가 치솟기 시작한다. 할 일과 하지 않을 일에 대한 판단마저 담당자가 하지 않고 수행한다면 그것이 더 고민하지 않는 것 아니겠는가 싶었다.

　김 차장은 이 과제는 중요성이 덜하며 신입사원 1명에 대한 소개 일정이기 때문에 대안을 만들어 장·단점을 분석하는 비효율적인 업무보다는 그냥 하던 대로 실시하면 되는 것 아니냐고 답변했다. 오 본부장의 30분이 넘는 훈시와 짜증 가득한 목소리가 사무실에 쩌렁쩌렁하다. 김 차장은 이해할 수 없다는 표정으로 자리에 앉아 유 대리가 올 때까지 신입사원 OJT는 하지 않겠다고 선언한다.

　이 일을 처음부터 지켜보던 한 팀장도 김 차장에게 좋은 의도로 시작한 것이니 마지막까지 끝내라는 말을 하기가 부담스럽다. 칭찬하며 본부장에게 보고하라고 했는데 30분 넘게 질책을 당했으니 다시 하라고 하기가 쉽지 않았다. 한 팀장은 김 차장에게 가서 커피 한 잔 하자고 권한다.

복수의 대안을 가지고 장·단점 분석하여 담당자가 소신 있게 하나의 대안을 선택하여 추진하도록 하는 방법은 매우 좋은 방안이다. 그러나 그러한 상황이 왜 발생되었는가를 먼저 살펴야 한다. 대부분 CEO가 회사 전반을 세밀하게 알고 부지런하다면 직원들이 한 일이 마음에 들지 않는다. 고민하지 않는 것처럼 느껴지고 일일이 간섭을 하게 된다. 중요한 것은 일을 추진하는 담당자가 실천하여 성과를 내는 일이다. 이것을 잘해야 회사의 성과로 이어지며, 일을 한 사람도 성취감을 느끼게 된다. 무조건 대안을 만들고 장·단점 분석하라 하면 직원들은 고민하는 것이 아닌 숙제라 생각하고 짜증과 갈등을 일으키게 된다. 회사의 상황, CEO의 철학과 방침, 직무의 성격 그리고 조직과 구성원의 역량 수준을 살피며 대안과 장·단점 분석이 이루어져야 한다.

나는 실무자이지
전략가가 아닙니다

상무님, 방향을 알려 주세요

전략홍보팀에서 구성원 의식조사 결과, 임직원의 스트레스 정도가 높고 회사에 대한 자부심이 작년에 비해 급격하게 떨어졌다는 결과가 나왔다. 경영위원회에서 심각한 결고라며 경영지원본부에 대책을 마련하라는 지시가 내려졌다.

김 상무는 인사팀 조 과장을 불러 구성원 의식조사 결과와 관련하여 대책안을 만들어 1주일 안에 보고서를 제출하라고 했다. 조 과장은 전략홍보팀장을 만나 문항과 부서, 직급별 응답율을 확인하고 타 조직에 비해 현격한 차이가 있는 두 조직과 응답율이 떨어지는 대리 계층의 인원 10여 명을 대상으로 인터뷰를 실시하였다. 인터뷰 결과, 원칙 없는 정책, 눈치보기식 야근, 결론 없는 회의, 관계 중심의 관행이 문제였다.

조 과장은 의식조사와 인터뷰 결과 그리고 대응책을 포함하여 3페이지 수준의 보고서를 작성하여 제출하였다. 보고서를 받은 김 상무는 주제는 자부심 감소인데 조사한 내용이 또 다른 갈등을 유발한다며 자부심 감소에만 초점을 맞추라고 한다. 알았다고 말은 했지만 도무지 방법이 생각나지 않는다. 선배인 이 부장에게 어떻게 접근하면 좋겠느냐고 물으니 의식조사 결과를 보고 가장 떨어지는 조직과 계층을 대상으로 원인을 찾고 대응책을 마련하라고 한다. 그런데 본인이 한 것과 정확하게 일치하였다.

조 과장은 김 상무에게 가서 보고서의 방향 또는 다른 방법에 대해 조언을 듣고 싶다고 했다. 김 상무는 원인을 찾아 대응책을 고민해 작성하면 된다는 원칙적 이야기와 사장님께서 질문할 만한 사항을 적고 답변도 생각해 보라고 한다. 조 과장은 원인을 찾기 위해 가장 응답이 떨어진 조직과 계층을 대상으로 인터뷰하여 원인을 밝혔는데 다시 원인을 찾기 위해 설문을 할 수는 없지 않냐고 묻자 그런 건 알아서 하라고 한다. 결국 김 상무에게는 아무 조언을 들을 수 없었다. 이론에서는 상사는 명확한 방향과 의사결정을 할 수 있는 틀을 마련해 주고, 실무자는 이를 기반으로 자료를 수집하여 정리하고 실천하는 것으로 배웠지만, 실제 현실에서는 상사는 앵무새이고 실무자가 전략부터 실행까지 다 하는 모습이었다. 조 과장은 대리계층을 대상으로 스트레스와 자부심 하락의 원인과 해결방안에 대한 설문을 준비한다.

하라면
하라는 대로 해

시키지 않은 일은 하지 마라

김 팀장이 팀원들에게 하나하나 지시를 내린 것이 벌써 몇 년째이다. 평소 꼼꼼하고 회사에 대한 자부심이 대단하여 고속 승진을 한 김 팀장은 회사 내에서 미래가 촉망되는 사람 중에 한 명이다. 각종 프로젝트가 김 팀장에게 떨어졌지만 단 한 번도 납기를 어긴 적이 없고, 보고서의 내용은 깔끔하였다.

어느 순간 사내에서 김 팀장은 보고서의 달인이라고 회자되었다. 그러나 웬일인지 김 팀장이 속한 부서의 팀원들의 표정은 밝지가 않다. 뭔가 의욕이 없고 다들 어쩔 수 없이 회사에 출근하는 모습이다. 책상 앞에 앉아있는 그들에게 활기는 찾아볼 수가 없다. 반면 김 팀장은 매일 야근이다. 모든 짐을 자신이 짊어진 것처럼 바쁘다. 모든 보고서를 일일이 김 팀장이 점검하고 꼼꼼히 수정한다.

김 팀장이 팀장이 되었을 때, 팀원들은 매우 자유분방하고 창의적이었다. 전임 팀장은 직원들의 끼가 조직에 도움이 된다고 생각하였다. 그는 팀원들에게 자율적으로 일하며 회사에 발전을 줄 수 있는 아이디어는 언제든지 가지고 와 함께 논의하자고 하였다. 실제 주어진 일을 성실히 하는 팀원에 비해 항상 고민하고 새로운 아이디어를 가지고 오는 팀원의 평가가 높았다. 자연스럽게 팀의 분위기는 자율과 창의가 기본이며 허심탄회하게 소통이 이루어졌다. 다소 시끄럽고 어수선하긴 했지만 팀원들에게는 출근하는 것이 즐거움이었다. 팀원들이 아쉬워하는 부분은 전임 팀장의 이유를 알 수 없는 부서 이동이었다. 상사와의 관계 정립에 그다지 신경을 쓰지 않던 전임 팀장이 다른 부서로 자리를 옮기고 새롭게 발령받아 온 팀장이 김 팀장이었다.

김 팀장은 뭔가 어수선하게 정리되지 않은 팀을 성실히 일하는 팀으로 만들어야 한다고 생각했다. 업무분장을 새롭게 하고 주어진 업무의 납기와 보고서의 수준을 제시해 주었다. 팀원들이 주어진 업무가 아닌 새로운 아이디어를 가져오면 우선 주어진 업무부터 끝내고 다른 생각을 하라고 강조했다. 보고서의 수준이 자신의 기대치에 미치지 못하면 하나하나 지적하여 수정을 요구했다. 수정을 지시받은 팀원이 다른 생각을 보고하면 이야기도 듣지 않고 자신이 지시한 사항으로 수정해 오라고 역정을 냈다. 시킨 일도 제대로 못하면서 왜 쓸데없는 것까지 포함시켜 의사결정 내용을 혼동시키냐는 것이 질책의 주 내용이다.

　이런 상황이 항상 발생하다 보니 자율과 창의의 팀 문화는 어느새 사라지고 시키는 일만 하는 사람들로 전락하였다. 김 팀장은 팀원들의 역량이 한없이 떨어지고 본질을 알지도 못하면서 불필요한 공상이나 하고 있다며 고민한다. 보고서의 수준이 낮아 도저히 보고할 수 없다며 중요 이슈에 대해서는 자신이 직접 보고서를 작성한다. 오늘도 팀원들의 보고서를 수정하랴 납기가 촉박한 보고서를 작성하랴 김 팀장은 퇴근을 하지 못하고 있다.

봤다는 것이지
책임진다는 말이 아니다

본부장님, 실시하면 될까요?

A본부의 본부장인 전 부사장은 대표이사에게 보고할 사안이 아니면 절대 결재를 하지 않는다. 구두 보고를 하게 하고 알았다고만 한다. 대부분의 본부 관리자들은 본부장이 알았다고 하면 승인된 것으로 알고 일을 추진한다. 다른 부서에 업무협조를 받아야 할 경우에는 승인된 보고서가 없기 때문에 메일이나 직접 찾아가 협조를 구한다. 꼭 결재된 보고서가 필요한 경우, 팀장의 전결로 보고서를 작성하여 전달해 준다. 이 팀장도 본부장에게 보고 후 자신의 전결로 타 부서와 외부에 업무협조를 보냈다.

3개 기업과 컨소시엄을 구성하여 추진되는 A프로젝트를 담당하는 김 부장은 이 팀장의 지시에 따라 업무를 추진하다가 현장에서 예기치 못한 문제에 맞닥뜨렸다. 이해관계가 상이하다 보니 결정된 내용이 당초 약속과 다르다며 한 업체가 일방적으로 결정에 따를 수 없다며 공사를 중지하였다. 김 부장도 당초와는 다르게 내려온 결정사항에 의문을 품고 이 팀장에게 보고했지만 본부장 지시사항이라는 말에 그냥 넘어갔던 사안이었다.

김 부장은 이 팀장에게 현장 상황을 보고하고 어떻게 하면 좋을까 문의를 하였다. 이 팀장은 자신이 검토한 보고서를 들고 본부장을 찾아 갔다. 당초 김 부장이 제시한 2안으로 추진할 예정이었다. 하지만 이 팀장이 봤을 때 1안이 장점이 많은 것 같아 수정하여 작성한 보고 내용으로 추진함에 따라 업체의 반발이 일어 현재 공사가 중단되었다고 설명했다. 전 부사장은 내가 승인한 사안이 아니며 이 팀장이 그렇게 하겠다고 해서 한 사안인 만큼 현장에 내려가 잘 수습하라고 한다. 마치 그 일은 내 일이 아니고 당신 일이니 당신이 알아서 하라는 식이다. 이 팀장은 사안이 중요하고 시급한 만큼 본부장님이 내려가 조정해 달라고 요청했다. 그러나 전 부사장은 이 팀장이 내려가 해결하라고 하며 나가보라고 한다. 이 팀장은 협상이 잘못되어 한 업체가 이탈하면 공사 자체가 중단되며, 이 경우 책임을 면할 수 없다고 강조했다. 전 부사장은 그 사안은 이 팀장의 책임 하에 이루어진 만큼 결정의 모든 책임은 이 팀장에게 있다고만 한다. 본인은 보고서의 내용을 봤을 뿐이지 그 보고서를 승인하지 않았기 때문에 책임질 사항이 없다고 한다. 이 팀장이 단독으로 행한 의사결정인 만큼 이 팀장이 해결하라고 한다.

이 팀장은 현장으로 내려가면서 어떻게 사태를 해결할 것인가 고민하는 것이 아닌 당했다는 억울함과 상사의 무책임한 태도에 대한 분노로 감정을 주체할 수가 없다. 때마침 현장의 김 부장에게서 급하다는 전화가 왔다. 이 팀장은 김 부장에게 그것 하나 제대로 처리하지 못하고 상사에게 이렇게 부담을 주냐며 역정을 낸다. 사실 김 부장이 보고한 내용으로만 했다면 회사의 이익은 많이 줄지만, 3개 업체가 당초 합의 사항대로 공사를 추진하고 있었을 것이다. 자신의 회사를 위한다는 욕심이 화를 불러일으켰다. 이 팀장은 본부장에게 위험요인을 보고했건만, 당시 한마디도 하지 않고 일을 추진하게 한 전 부사장의 무능함과 자신의 억울함만 되새긴다. 김 부장은 김 부장대로 자신이 보고한 내용을 무시하고 회사의 욕심만 챙긴 상사들이 역정을 내는 것에 대해 분개한다.

▶

회의 관행

내 말이
곧 법이다

잘 알았지? 차질 없도록 하자

오후 5시만 되면 A본부의 조직장은 왠지 불안하다. 오늘은 그냥 넘어갈까 걱정의 단계를 넘어 기대되기까지 한다.

매주 화, 금은 사장님과의 미팅이 있기 때문에 A본부는 월요일과 목요일 오후는 항상 미팅이다. 본부장은 항상 5시쯤 되면 회의를 소집한다. 밖에 나갔더라도 4시 반까지는 들어온다. 혹시 5시가 넘게 되면 10분 단위로 전화하여 이상 없냐고 체크한다. 처음에는 티타임이었으나 출석을 확인하고 참석하지 않는 사람에 대해 이런저런 이야기가 많다 보니 전원 참석한다. 본부장은 항상 팀장급 이상 전원을 소집하고 내일 아침 10시에 사장님께 보고해야 하는데 좋은 아이디어 없냐고 묻는다. 모두가 책상만 바라본다.

회의가 끝난 날은 회의 내용에 대한 공유라고 모임이 있다. 이러다 보니 대부분의 조직장은 수요일 하루만 미팅이 없다. 수요일은 종종 본부장이 긴급회의를 소집한다. 매일 만나 의견을 나누다 보니 특별한 이슈가 없으면 할 이야기도 별로 없다. 다들 책상만 바라보는 것이 당연하다. 말이 없고 조용하면 본부장은 가장 고참인 김 팀장을 부른다. 늘 준비된 김 팀장은 이런 이슈를 보고하면 어떻겠느냐고 말을 꺼낸다. 별로 신통하지 않으면 이 팀장에게 질문한다. 이 팀장도 대답을 하지만 그렇게 마음에 들지 않는 눈치이다. 다들 시간이 아깝고 해야 할 많은 일들이 있지만 끝내자는 이야기를 할 수 없다.

본부장의 훈화가 시작된다. 고민이 없다로 시작하여 결국에는 해야 할 지시사항을 끊임없이 쏟아낸다. 해당 조직장이 실행이 어려운 이유를 말하려 하면 고민도 없고 해보지도 않고 안 된다는 이야기를 한다며 질책을 한다. 옛날에는 PC도 없는 상태에서 매일 밤을 새워가며 일을 해 납기를 어긴 적이 한 번도 없었다고 강조한다. 근성이 부족하고 직장과 일에 대한 자부심이 없다며 한탄한다. 결국 자신의 이야기를 끝내고 몇몇 팀장에게는 내일 아침 출근하면 바로 볼 수 있도록 자리에 보고서를 올려놓으라고 한다.

미팅을 마치고 시계를 보면 정확하게 6시이다. 본부장은 퇴근한다. 미팅이 끝나고 각자의 팀에 오면 팀원들이 팀장 얼굴을 바라본다. 왠지 풀이 죽어 있으면 그날은 야근이다. 업무를 부여

받았더라도 내일 아침까지 하지 않아도 되면 발걸음이 가볍다. 내일 아침까지 해야 하는 팀은 말들이 많다. 내일 아침까지 그것을 어떻게 하냐는 불만이 여기저기서 나온다. 팀장들이 함께하자며 사정하는 형편이다.

보고가 끝난 후에 새로운 지시가 내려온다. 이전에 했던 내용과 정반대의 지시가 포함되어 있는 경우도 있다. 이 안건은 지난번에 보고했던 내용으로 A안으로 하기로 했지 않냐고 물으면 상황이 바뀌었고 무조건 B안으로 하라고 한다. 충분히 검토하여 A안으로 했고 당시에는 좋다고 해놓고는 얼마 지나지도 않았지만, B안을 하라고 지시한다. 본부장 말이 말 같지 않냐는 강요와 함께. 팀원들은 회사 급여에는 이런 일을 당해도 참는 몫이 포함되어 있다는 자조 섞인 말들을 한다.

일방적 회의와
이어지는 침묵

항상 듣는 본부장의 호통 소리

월요일 9시면 어김없이 본부 팀장회의가 실시된다. 금요일 오후, 각 팀장들이 한 주간의 실적과 다음주의 계획에 대해 제출하면 기획팀장이 이를 정리하여 월요일 회의가 진행된다. 처음에는 각 팀장이 돌아가며 이야기를 나누었으나 회의 효율화를 이유로 본부장이 각 팀의 보고서를 보며 궁금한 것을 묻는 식으로 바뀌었다.

본부장은 늘 실적에 대해 이야기를 꺼낸다. 작년 대비 몇 %, 금년 계획 대비 몇 %로 미흡하다는 질책이 이어진다. 비상경영이라며 전년 대비 매출 40%, 수익 50% 향상이라고 잡은 계획에 대해 모두들 계획 자체가 무리라고 생각하지만 말을 할 수 없다. 이어 본부장은 비용절감을 지시하였는데 아직도 점심시간이나 퇴근 이후처럼 직원들이 없는 텅 빈 사무실에 불이 켜져 있다고 지적한다. 종이컵과 이면지 이야기도 이어진다.

업무 실행이 늦은 부서는 1시간 내내 호통을 듣는다. 팀장이 저렇게 주관이 없으니 팀원들이 만만하게 보고 일을 서둘지 않는다고 한다. 자발적으로 계획을 세워 오는 팀이 없고 주인의식은 찾아볼 수 없다고 한다. 그러면서 직원들이 출장을 가거나 교육 받는 일에 대해 민감하게 반응한다. 그런 일을 하게 되면 뭐 좀 바뀌냐는 식으로 비아냥거린다.

3시간 가까이 이어지는 회의에 본부장의 목소리만 있다. 본부장은 금주에 반드시 하라며 무리하다 싶은 지시를 하곤 회의를 끝낸다. 그런 지시를 받은 팀장들은 황당해도 아무 말도 못한다. 안 된다는 이야기를 하면 무슨 이야기를 듣게 되는지 잘 알고 있기 때문이다. 본부장은 말 한마디 못한다며 팀장들의 역량에 문제가 있다는 말을 남기고 나간다.

다음 주 월요일 회의에서 지난 주 지시한 사항에 대한 점검은 없다. 실적에 대한 호통과 특정 이슈에 대해 질책이 이어진다. 회의 마감 시간은 본부장 마음이다. 어느 경우에는 2시까지 이어진다. 그날은 본부장이 점심 약속이 없는 날이다. 팀장들 간에 대화가 없다. 회의는 항상 본부장의 일방적인 이야기뿐이다. 갈수록 실적에 대한 부담으로 인하여 팀장들의 호통이 이 부서, 저 부서에서 높아만 간다. 사무실에 웃음이 사라진 것은 이미 오래되었다.

대표이사가 안 계시면
회의 자체가 안 된다

"그 회의를 왜 하니? 다 바뀔 텐데."

A전자회사의 CEO는 임직원으로부터는 이 분야 최고의 전문가로 인정받고 있다. 오너이며 30년 넘게 이 분야에서 경영을 해왔을 뿐 아니라, 미국 스탠포드 대학 전자공학 박사이기도 하다. 본부장들은 대학의 제자들로서 처음 회사를 설립할 때 합류하였다.

이 회사는 매주 월요일 오후 2시에 특별한 일이 없는 한 경영회의를 실시한다. 전략실에서는 최소 2주 전 경영회의에 논의할 안건을 선정하고 CEO에게 보고한다. CEO는 운 원들은 회사를 책임지는 매우 중요한 역할을 수행하는 만큼 임원의 시간을 성과 있게 사용하라는 이야기를 강조한다. 경영회의의 안건이 일반적이거나 수준이 낮으면 전략본부장이 호출되기 때문에 전략실은 매주 안건을 선정하느라 스트레스가 대단하다.

경영회의는 산정된 안건발표로 시작된다. 통상 본부장 아래의 실장이나 팀장이 발표하게 된다. 15분 정도 발표를 하고 본부장들의 질문에 대답하는 형태이지만 본부장들의 질문은 없다. 타 본부의 업무에 개입하기 싫어하는 입장도 있지만 본부 일은 본부가 해야 한다는 생각이다. 잠시 침묵이 흐른 후 CEO의 지시가 시작된다. 얻고자 하는 바가 궁극적으로 무엇이냐, 회사에 어떤 성과를 주느냐, 마감 기간 안에 끝내기 위해 지원해 줘야 할 일이 무엇이냐, 타 부서와는 어떻게 협조를 받고 있느냐, 최종적으로 무엇으로 평가받을 것이냐 등 질문이 이어진다. 발표자는 연신 긴장된 음성으로 답변을 하나 준비된 질문이 아니기 때문에 어떤 질문에 대해서는 동문서답하는 경우가 많다. CEO는 대답이 시원치 않거나 뭔가 믿음이 가지 않으면 다시 보고하라고 한다. 재보고는 여러 어려움이 많아 사실상 어렵다는 것을 알지만 그 누구도 지원해 주지 않는다. 하물며 해당 본부장도 발표 내용보다는 발표 그 자체가 못마땅한지 연신 표정이 좋지 못하다. 다음 안건으로 넘어가며 보고를 듣고 결정을 하는 사람은 오직 CEO 한 명이다.

최근 특수기술을 개발하기 위해 CEO가 직접 해외 및 국내 출장이 잦아졌다. CEO는 경영부사장에게 경영회의를 주관하라고 하며 출장을 가지만 경영회의는 하되, 발표되는 안건은 공유사항 수준이다. 의사결정을 할 만한 주제는 하나도 없다. 전략실에서 의사결정이 필요한 사항을 올리면, 경영부사장이 대표이사도 안 계신데 이런 안건은 토론도 되지 않을 뿐더러 결정을 할 수 없다며 제외시킨다. 각 본부에서 하고 있는 업무를 소개하는 수준으로 경영회의를 마치게 되고 모든 본부장들은 CEO가 빨리 출근하기를 기다린다. 보고하여 결정할 사안들이 쌓여 있기 때문이다. CEO가 1주일만 해외출장을 가도 중요업무는 마비라고 보는 게 정확할 정도다. CEO는 사무실 복귀 후 온갖 보고서에 치여 정작 중요한 일에 몰입할 수가 없다. 갈수록 장기간 출장 가는 일 자체가 어렵게 느껴진다.

아무 말도 안 했는데,
수고했다고 한다

한 과장이 회의에 대신 참석해 줘

한 과장은 갑자기 원가절감 회의에 대신 참가하라는 팀장의 지시에 급히 회의장을 향했다. 각 본부에서 참석한 팀장과 차장들이 회사의 원가절감 방안에 대해 브레인스토밍brainstorming 방법으로 회의를 시작했다. 하지만 아무도 이야기가 없자 돌아가며 자신의 이야기를 하자고 한다. 한 명씩 전기 절약, 이면지 사용 등의 1차적 경비절약을 이야기하자 회의 주관부서인 총무팀장이 이런 내용 말고 보다 근본적인 경비절약 방안을 이야기해 달라고 요청한다. 아무도 이야기가 없다. 1시간 가까이 원칙론적인 이야기가 오고간 후 각자 절약방안을 마련하여 다음 주 만나자는 말로 회의를 마쳤다.

자리로 돌아온 한 과장이 팀장에게 회의 갔다 왔다고 말하니 수고했다고만 한다. 무슨 내용이었고 어떤 결론이 났느냐고 묻지 않는다. 어떤 기여를 했느냐고는 더더욱 말하지 않는다. 왜 참석하라고 했는가 의문이 들었다.

오후 3시가 되자 팀장이 다시 사업부 팀장회의에 대신 참석하라고 한다. 매주 사업부 기획 팀장들이 모여 정보를 나누는 회의였다. 한 과장은 2시간 동안 단 한마디도 하지 못했다. 시시콜콜한 이야기가 오가고 난 뒤 한 과장이 새로 왔으니 함께 식사하자는 이야기가 나왔다. 6시에 만나자는 이야기를 하고 회의를 마쳤다. 사무실에 와서 다녀왔다고 하니 또 수고했다고만 한다. 도대체 무엇을 수고했다는 말인가.

한 과장은 우리 회사의 회의에 대해 생각해 보았다. 3명 중 1명은 언제나 회의 중인 듯하지만 10명 중 9명은 회의가 시간낭비라고 말하고 있다. 회의에 참석해야 할 사람이 참석하는 경우는 주관하는 부서장뿐인 경우도 있다. 보다 효과적으로 업무를 수행하기 위해서는 전문가들을 소집해 전문성 있는 발표를 통해 성과를 내야 한다. 한 명 한 명 전문가들을 전부 찾아가 이야기할 수 없으니 전문가들이 모여 의견도 조율하고 새로운 아이디어도 창출하기 위해 회의를 하는 것인데 대리참석을 하다 보니 배경도 모르고 전문성도 떨어지며 참석한 다른 사람과 격의 차이도 있어 할 말을 못하게 된다. 유일한 기여가 있다면 저 부서는 회의에 불참하지 않는다는 인식과 무슨 이야기가 나왔다는 빠른 보고뿐이다.

회의 시에는 침묵,
실행 시에는 비판

도무지 이 상무의 정신세계는 이해할 수 없어

A프로젝트에 대한 논의가 계속된다. 프로젝트 PM인 이 상무는 이 프로젝트가 회사에 얼마나 많은 기여를 할 것인가에 대해 여러 자료를 중심으로 강조한다. 하지만 각 본부장들은 내 일이 아니라는 듯 말이 없다. 이 상무는 장단점에 대한 설명을 마치고 3개의 안 중에 1안으로 해야 하는 당위성을 이야기하며 특별한 의견이 없으면 진행하겠다고 발표를 마쳤다. CEO는 이 프로젝트는 영업과 생산 모두와 밀접한 협조가 필요한데 사전에 협의를 마쳤느냐고 물었다. 이 상무는 사전 협의보다는 의사결정이 이루어지면 그 결정사항을 중심으로 추진하면서 협력하는 방안을 검토 중이라고 했다. CEO는 그것도 한 방법이라고 하며 다른 의견 없으면 이 상무가 원하는 방향으로 하자고 했다. 회의

내내 다른 본부장은 침묵으로 일관한다.

이 상무는 결정이 된 것으로 알고 생산본부의 乙 상무를 찾아가 본부장 회의에서 발표가 끝났고 사장께서 이렇게 하라고 지시했다며 1안에 대해 설명하고 생산본부가 해야 할 역할에 대해 협의하고자 했다. 그러나 생산본부의 입장은 달랐다. 이 일은 생산본부의 협력 없이 추진될 수 없는 일인데 사장님에게 보고하기 전에 협의과정이 없었다며 혼자 추진했으니 혼자 실행하라는 입장이다. 본부장이 매우 불쾌하게 생각했다며 일을 할 때 사전에 협의해 주길 바란다는 말을 덧붙인다. 영업본부의 입장도 마찬가지였다. 일이라는 것이 서로 도와가며 해야 하는데 사장 앞에서 다 자기가 하는 것 마냥 보고해 놓고 이제 와서 무엇을 도와 달라는 것이냐며 알아서 하라고 한다. 일은 실무자가 하는 것이지 경영층이 하는 것이 아닌데 경영층에 보고만 하면 된다는 잘못된 생각을 버리라고 한다.

이 상무는 본부장 회의에서도 의사결정이 되지 않은 상태에서 각 본부와 협의하면 할수록 시간만 소요되고 결론이 나지 않기 때문에 먼저 중요사안에 대해 결정 받고 일을 추진하려고 했다고 양해를 구했다. 그러나 상처받았다고 생각하는 사람들의 마음을 열 수는 없었다.

영업본부의 동기가 소주 한잔하자고 한다. 워낙 막역한 사이이고 생산과 영업본부의 이기에 실망을 하고 있던 터에 승낙을 하고 식당에서 만났다. 소주 한두 잔이 들어가자 회사에서 평판

관리하라고 조언한다. 무슨 소리냐고 물으니 사람들이 이 상무에 대해 건방지고 제 멋대로 일한다고 한다. 사장에게만 보고하면 다 되는 줄 알고 있는데 현장을 무시하는 태도가 마음에 들지 않는다고 한다. 더 심한 것은 회사생활 그만큼 했으면 알만도 한데 말이 통하지 않는 사람이라고 한다고 한다.

회의 시에는 한마디도 하지 않고 침묵으로 일관하다가 회의 후에는 실행하지 않을 뿐 아니라 험담까지 하는 본부장들의 행동에 화가 치밀었다. 영업 생산 본부의 협조가 없이는 추진할 수 없는 프로젝트였기에 이 상무는 사장에게 현황을 보고하여 조정할까도 고민했으나 어린 아이 싸움이 될 듯하여 양 본부장을 찾아가야겠다고 결심했다. 본부장들은 협조해 주기 어렵다는 이야기만 반복한다. 이미 마음이 상한 상태이다.

언제
끝나나요?

예상 시간을 정할 수 없어요

대형 프로젝트에 대한 의사결정 사항을 가지고 비서실을 찾은 김 상무의 마음은 타 들어가고 있다. 갑작스러운 사고로 상황이 매우 촉박하게 진행되어 프로젝트가 중단된 상태였고, 발주회사에서는 주어진 기일 안에 끝나지 않으면 계약 자체를 취소하겠다는 요구가 강하다. 발생 상황에 대한 분석은 이미 마쳤다. 주어진 일정 안에 마감하기 위해 검토된 대안 중에 가장 안정한 안은 비용이 많이 소요되고 비용을 줄이는 안은 무리를 해야 한다. 김 상무는 CEO에게 상황과 원인분석 내용을 설명하고 빨리 의사결정을 받아 조치해야만 했다. 발주회사도 사태를 보고받아 김 상무에게 사고 원인과 처리방안을 계속 요구 중이다.

사장은 아침 9시부터 계속 회의 중이다. 한번 회의가 시작되면 중간에 휴식이라고는 없다. 2시간이 지났지만 어느 경우에는 도시락을 시켜 계속한다고 한다. 김 상무는 급한 상황이니 메모를 넣어달라고 요청했으나 회의 중에는 방해하지 말라는 사장의 지시가 있었다며 기다리라고만 한다. 안의 토의내용이 무엇이냐고 물어도 모른다고 한다. 평상시 언제 끝났냐고 물어도 그때그때 다르다고만 한다. 응접실에 앉아 의사결정이 되지 않아 손해보는 금액을 생각하니 마음이 타 들어갈 수밖에 없다. 비서에게 정말 급하니 쪽지를 부탁한다고 거듭 요청했으나 요지부동이다. 안의 토의 내용이 훨씬 더 중요할 수도 있다고 한다.

회의는 11시 55분에 끝났다. 사장은 12시 30분 약속이 있는데 늦었다며 바로 이동을 했다. 비서실에서는 2시쯤 들어오시는데 가장 먼저 보고할 수 있도록 배려해 주겠다고 한다. 2시 반이 되어서야 김 상무는 사고 원인과 대책, 그리고 대안과 발주회사의 요구 등을 보고했다. CEO는 이런 긴급한 보고를 왜 이렇게 늦게 하냐고 호통을 친다. 질책이 길어져 2시간 이상 자신의 경험, 회사에 어떤 영향을 미치는가 왜 생각하지 못했느냐, 경영자의 자질 등에 대한 이야기가 이어지고 마지막으로 사고와 관련된 사람들에 대한 징계를 지시한다. 김 상무가 보고하는 동안 바깥 대기실에는 많은 사람들이 다른 보고를 위해 대기하고 있었다. 그중에는 3시에 보고하기로 되어 있던 부서장도 있었다. 5시쯤 김 상무가 나왔을 때 대기하고 있던 사람들은 무슨 내용인데 그렇게 오래 있었냐고 묻는다. 김 상무는 악순환의 연속이라고 생각했다.

사장과 함께 진행되는 회의는 통상 2시간 이상이다. 경영위원회는 9시에 시작하는데 중식시간이 다 되어 끝난다. 일찍 끝나는 경우는 사장이 중요한 사람과 거리가 다소 떨어진 곳에 선약이 있는 경우이다. 회의 안건이 미리 정해져 있는 것도 아니다. 각 본부장이 한 주 동안 실적과 계획에 대해 이야기하면 사장이 질문하거나 질책하는 형태로 운영된다. 누군가 큰 실수가 있는 경우에는 질책이 길어진다. 심한 경우에는 개인의 자질까지 운운된다.

사정이 이렇다 보니 본부장들이 본부에 내려와 팀장에게 전달해 주는 회의도 만만치 않게 길다. 사장이 질책했을 때의 타 본부장의 표정까지도 이야기해준다. 자기 본부와 관련된 내용이 있으면 그 정도는 심해진다. 심한 경우 본부장들이 발표한 내용, 사장의 강조사항 그리고 당시의 분위기를 전달하다 보면 3~4시간이 지난다. 경영위원회가 있는 날은 회의로 시작하여 회의로 끝난다고 아우성이 높다.

아이디어를 낸 사람이
책임을 진다

아니, 제가요?

목요일 오후, A프로젝트에 대한 아이디어 수집 회의에서 아무도 아이디어를 내지 않는다. 답답해하는 본부장에게 김 팀장은 짧지만 논리를 가지고 자신의 생각을 말했다. 순간 박수가 터져 나오고 본부장은 좋은 아이디어라고 칭찬하면서 다음주 월요일 보고서로 보자며 회의를 종료한다.

김 팀장의 의견은 말 그대로 경험이 아닌 아이디어 수준이다. 그런데 한달 이상을 고민하고 정리해도 될까 싶은 보고서를 3일 만에 끝내라 한다. 아무래도 괜히 발표했다는 후회와 도저히 끝낼 수 없다는 판단이 들었다. 본부장실을 찾아 갔으나 해보지도 않고 이야기한다고 마치 크게 잘못한 사람인 양 몰아붙인다. 결국 할 수밖에 없다는 판단이 섰다.

주말 일정들을 어떻게 취소할까 심난하다. 무엇보다 휴일까지 반납해서 한다 한들 끝날 것 같지가 않다. 특히 팀원들이 이 일을 할까 하는 불안감이 엄습한다. 지난 프로젝트도 이와 비슷한 상황에서 김 팀장에게 떨어져 팀원들이 불만 가득한 표정으로 일한 적이 있다. 보고서 작성을 위해서는 주말은 무조건 반납인데 이 과장은 지난달부터 금주 친구들과 5년만의 행사가 기대된다면 자랑을 해온지라 차마 나와 달라고 할 수가 없다. 팀원 한명 한명이 다 사연이 있을 텐데 도와달라고 하기 곤란했다. 혼자 할 수 있다면 본인만 출근해 작성하겠는데 전원이 매달려도 월요일까지 끝내는 것은 무리였다. 김 팀장의 근심은 깊어만 간다.

대부분의 회사는 아이디어를 낸 사람에 대한 인정이나 보상 지급, 지원에 약한 편이다. 회사의 임직원으로서 당연히 할 일을 했다고 생각한다. 좋은 아이디어를 냈기 때문에 그것에 대한 마무리도 잘할 것이라는 막연한 기회를 한다. 어려운 일 있으면 언제든지 자기를 찾아오라고 하면서 자신은 젊었을 때 일을 배우기 위해 회사 바닥에서 잠을 청했다며 자랑을 한다. 회사에 대한 주인의식이 있으면 못할 것이 없다고 한다. 새로운 아이디어를 낼 뿐만 아니라 이를 실용화하여 성과를 창출하라고 한다.

회의에서 말 한마디 않고 부서로 돌아간 팀장, 팀원들의 환호성 소리가 들린다. 김 팀장은 재수 없다며 다음부터는 내가 회의에서 말 한마디 하나 보자며 사무실을 향한다.

일방적 회의 통보와 불참

무엇을 위한 회의인가요?

김 팀장은 출근하여 메일로 온 공문을 보고 책상을 쳤다. 잘 알지도 못하는 안건의 회의에 참석하라는 갑작스러운 내용이다. 당장 오후 4시에 시작하는데 준비물도 많다. 사전에 단 한 번의 협의나 전화도 없었고 왜 참석해야 하는지 이해도 되지 않았다. 일방적 통보에 참석할 수 없다고 연락을 했다.

회의를 주관하는 입장에서는 회사 주요 직책을 맡고 있는 조직장이 많이 참석하면 왠지 가치가 더하고 주관자의 권위가 선다고 생각하는 듯하다. 주제에 맞는 꼭 필요한 전문가만 참석하여 결론을 내고 실천하게 해야 하지만 관련도 없는 조직의 장까지 참석하라고 일방적으로 통보한다. 전략실 또는 재무실과 같이 사내 파워가 강한 조직의 경우는 실무자들을 부르지도 않는다. 부장이 회의를 주관하면서 부장 이상의 임원을 오고가라고 하는 경우도 많다. 자기 부서의 권위를 표시하려는 것인지 회의 안건에 대한 의사결정을 하자는 것인지 구별이 되지 않는다.

생산관리부서인 김 팀장은 인사부서의 공문을 받고 당혹스럽기만 하다. 인사기획팀에서는 채용 면접관으로 선정되었으니 신입사원 면접을 위한 회의에 참석하라고 하고 인사지원팀에서는 부장 코칭을 위한 사내 코치과정에 입과하라고 한다. 둘 다 개인적으로는 영광이지만 회의와 교육 일자가 같다. 같은 부서에서 협의도 하지 않고 일방적으로 결정해서 통보하다 보니 현업 조직장 입장에서는 이 부서, 저 부서의 요청 때문에 업무에 집중하기 어렵다. 김 팀장은 인사 담당 임원에게 먼저 자체 조정을 한 후 요청해 줄 것을 건의하였다.

인사기획팀의 권 팀장은 회사의 인력운영계획을 수립하여 보고하라는 CEO의 지시가 있어, 각 본부 기획팀장에게 인력현황과 충원계획을 작성하여 회의를 통보하였다. 권 팀장은 CEO 보고 기한을 감안하여 추진일정을 세웠다. 그리고 각 현업의 인력운영계획이 기초자료인 만큼 담당자에게 본부 기획팀장이 해당 자료를 작성하여 필히 참석하도록 사전 연락을 하도록 지시하였다. 시간적 여유가 많지 않았기에 권 팀장도 메일을 통해 참석을 부탁하였다. 회의 당일, 10본부의 기획팀장 가운데 3명이 불참

했다. 가장 많은 인원이 근무하는 영업본부의 기획팀장이 한마디 말도 없이 불참한 것이다. 연락을 하니 본부장과의 미팅 중이라고 한다. 회사의 인력운영은 영업본부에서 실습 중인 신입사원을 대상으로 영업본부가 타 본부로 전배시킬 인력을 결정해야 가능하다. 영업본부의 결정이 없는 상태에서 전체적인 인력운영 계획을 논의한다는 것은 사실상 불가능한 상태이다.

권 팀장은 타 본부의 현재 인원과 연말 예상 인원 및 충원계획을 받고 회의를 마쳤다. 영업본부 기획팀에는 회의가 끝나는 대로 연락을 달라는 부탁을 했다. 잘못하다가는 CEO 보고 일정을 맞추기 힘들겠다는 불안감이 들었다.

회의장에서 받아 보는
회의 자료

오늘 회의 주제가 뭔데?

회의장에 들어온 김 상무의 첫마디는 "오늘 회의 주제가 뭐냐?"이다. 남들이 들으면 정신 없는 임원이라고 생각할 것이다. 회의에 참석하는 사람이 회의 주제도 모르니 무슨 회의가 되겠는가 싶지만 이어서 들어오는 모든 임원들이 주제가 뭐냐고 묻는다.

매주 월요일 10시부터 임원들을 대상으로 경영위원회를 개최한다. 회의 주관이 된 전략팀은 매주 주제 선정에 고심하지만 실제 결정된 주제에 대해서는 주관팀과 발표자만 안다. 발표 부서에서 먼저 자료를 나눠주어야 하지만 읽어 오지도 않을 뿐더러 혹자는 회의 시 도움되는 제언은 없고 비판만 생각해 온다며 자료 자체를 주지 않는다. 의견을 받고자 하는 회의가 아니다 보니 자료를 먼저 주면 보안 유지도 안되고 지적을 받게 되어 실행이 늦어질 수 있다고도 한다. 더 심한 경우는 자료를 먼저 주면 그 자료와 비슷한 다른 내용을 CEO에게 보고하여 자신의 업적으로 한다며 역시나 먼저 자료를 주지 않는다.

상황이 이렇다 보니 이 회사의 경영위원회는 그야말로 철통보안과 궁금증의 연속이다. 모든 회의 주제와 자료가 회의장 안에서나 볼 수 있으니 심도 있는 논의가 이루어지지 않는다. 사전 고민의 절차가 없어 큰 고민이 없다. 탁월한 순발력과 통찰력을 발휘하지 않고서는 어떠한 조언도 할 수 없다.

김 차장은 이러한 경영위원회의 회의 관행을 바꿔야 한다고 생각했다. CEO에게 보고하여 회의 자료는 회의 시작 3일 전에 참석자에게 배포하고 회의 시에는 발표가 아닌 토론이 중심이 되며, 사전에 의사결정 사항을 설명하고 의사결정이 난 사항에 대해서는 회의 종료 시점에 재발표함으로써 실행을 높여나가자고 했다. CEO는 좋은 방안이라며 경영위원회에서 발표하라고 했다. 김 차장은 임원들에게 경영위원회 운영 가이드라인이라는 제목으로 위 사항을 정리하여 발표하였다. 전략 및 신기술과 관련된 핵심 안건에 대해서는 제외하고 모든 임원들이 가이드라인을 수용하였다.

목요일이 되었다, 다음주 월요일 회의 자료가 들어와야 하는데 한 팀도 자료를 보내오지 않는다. 해당 임원에게 연락하니 아직 자신도 받아보지 못했다고 한다. 담당자는 아직 수정 중이라고 한다. 언제쯤 되냐고 하니 주말 작업을 해야 한다고 한다. 3일 전 자료 제공에 대한 개념이 없다. 지금까지 기간에 임박해서야 일을 처리하는 데 익숙했지, 사전에 체계적으로 계획하여 일을 추진해 본 적이 없었다. 3일 전에 자료가 배포되기 위해서는 최소 4일 전에 모든 소속장의 의사결정을 마쳤어야 하는데, 지시한 시점이나 보고의 시점이 모두 발표에 임박하여 이루어진다.

김 차장은 경영위원회에서 3일 전에 자료를 배포하지 못한 질책을 들어야만 했다. 이후에도 이러한 경향은 지속되고 어느 순간 "오늘 주제가 뭐냐?"는 임원들의 질문을 받는 것이 익숙하게 되었다.

결론 없이
반복되는 회의

A식품회사 구 팀장의 마음은 급하다. 경쟁회사가 기능을 완벽하게 바꾼 신제품을 개발하여 3개월 후 출시를 준비하고 있다는 정보를 습득했다. 이 제품이 나오면 시장의 판도를 바꿀 수도 있었다.

구 팀장은 급히 본부장 회의를 소집하였다. 본부장들은 갑자기 소집된 회의에 불만이 많은 듯 정시에 참석하지 않아 정시보다 10여 분 늦게 시작되었다. 구 팀장은 3개월 후에 출시되는 경쟁사의 제품 걱정이 아닌, 본부장들 간의 의견만 분분할 뿐 결론이 나지않아 시장을 잃어버리지 않을까 하는 걱정이 앞섰다. 영업본부장이 간략하게 소집 이유를 이야기하고 구 팀장이 회사에 미치는 영향과 향후 대책에 대한 안을 제시하였다. 사안의 심각성을 알고 있는 듯 아무도 이야기를 하지 않고 침묵이 흘렀다.

구 팀장은 우선 3개의 안을 제시했다. 1안은 기존 기능을 더 강화한 신제품을 개발하는 내용이었다. 2안은 경쟁사보다 5개월은 늦겠지만 비슷한 유형의 신제품을 개발하는 안이었다. 3안은 기존 제품을 포화상태의 국내시장에서 해외시장으로 확대 판매하는 안이었다.

2~3분이 흐른 후, R&D본부장이 신기능의 제품 개발은 차별성 부각과 후발기업의 어려움을 이유로 난색을 표하였다. 해외본부장도 지속적으로 해외시장을 개척하고 있지만 지금 당장 해외시장의 확대는 어렵다는 입장이었다. 비용 문제가 거론이 되고, 경쟁사가 이런 연구를 하고 있는 동안 무엇을 하고 있었냐는 질책성 질문이 쏟아졌다. 30여 분의 회의가 흐른 후, CEO가 급한 약속이 있다며 본부장들이 의사결정하고 최종 결과를 알려달라는 말을 남기고 자리를 비웠다.

본부장들은 이런저런 이야기를 하다가 각자 안을 마련하여 다시 모이자며 회의를 마쳤다. 본부장들은 팀장들을 모아 회의를 하자고 했다. 팀장들은 주제를 모르는 상태에서 참석하여 본부장의 이야기를 듣고도 바로 의견을 낼 수가 없었다. 본부장은 기획팀장에게 안을 정리해 오라고 했다. 타 본부의 입장도 마찬가지였다.

매일 회의를 하고 대안을 만들고 수정을 한다. 월요일 경영회의, 화요일 팀회의, 수요일 본부장회의, 목요일 팀장회의, 금요일 주간회의로 매일이 회의이다. 중간 중간 원가대책회의, 안전회의, 생산 판매회의, 가격결정회의, 인사회의 등 팀장과 본부장의 일과는 전부 회의의 연속이다. 다음 주 월요일 경영회의에서 각 본부의 안들이 발표되었지만 전사적 입장보다는 각 본부의 입장만 있을 뿐이었다. 1달이 지났지만 회의만 많았지 결정은 나지않고 사안은 우선순위에 밀려버렸다. 3개월 후 경쟁사는 신제품을 출시하면서 신문에 대대적으로 홍보했고 시장의 반응도 뜨거웠다. 이 회사는 또 대책회의를 한다.

의사소통

여기가 무슨 군대야

시키면 시키는 대로 해

이 과장은 김 팀장만 보면 자꾸 피하고 싶어지는 자신을 느낀다. 주눅이란 것이 이런 것일까? 김 팀장에게 보고하려 하면 왠지 어색해지고 말도 더듬게 된다. 몇 번의 연습을 했건만 순서가 엉키며 숫자 등이 생각이 나지 않는다. 수첩에 적어 가도 당황하다 보면 적은 곳을 찾지 못한다. 김 팀장은 어쩜 준비되지 않은 이슈만 족집게처럼 뽑아 질문한다. 오늘도 역시 보고하러 갔다가 야단만 맞았다. 다른 일 하지 말고 시킨 것이나 제대로 하라는 말과 함께.

팀 회식이 있는 날이다. 김 팀장은 보고사항이 있다며 먼저 가 있으라고 한다. 이 과장은 팀원들과 함께 회식 장소에 가서 기다렸다. 20분이 지나도 김 팀장이 오지 않자 후배들이 김 팀장에게 전화해 보라고 한다. 이 과장은 김 팀장에게 언제쯤 오실 수 있냐고 전화를 하였다. 짧게 기다리라고만 한다. 후배들에게 기다리라고 이야기한 후 30분이 지났지만 김 팀장은 연락이 없다. 다시 한 번 전화하니 전화를 받지 않는다. 할 수 없이 이 과장이 주문을 하고 후배들과 식사를 시작했다. 어느 정도 분위기가 무르익을 시점에 김 팀장이 나타났다. 자신이 없는데 기다리지 않고 식사를 시작했다고 화를 낸다. 동양 천지에 이런 예의 없는 행동은 없다며 이 과장은 선배가 되어 뭐하는 행동이냐는 질책이 이어진다. 자신은 이런 회식에 참석할 수 없다며 나가버린다.

팀의 막내인 입사 6개월 차 홍길동 씨가 기존의 방식에서 벗어나 새로운 프로세스로 보고서를 작성하였다. 이 과장은 신선한 방법이라며 홍길동 씨에게 김 팀장에게 가서 보고하라고 했다. 보고를 받던 김 팀장은 기존 방식으로 하지 않고 새로운 방식으로 보고서를 작성한 취지가 뭐냐고 묻는다. 홍길동 씨가 절차도 간편하며 우선 결론이 우선하여 의사결정자가 쉽게 판단할 수 있다는 장점이 있다고 하자 자신은 기존의 것이 더 좋으니 기존의 것으로 다시 작성해 오라고 한다. 홍길동 씨가 다시 설명하려고 하자 그냥 시킨 대로만 하라고 말을 잘라 버린다.

매주 월, 수, 금요일 8시 30분부터 팀 회의가 실시된다. 각자 자신이 준비한 자료를 이 과장에게 전달하고 이 과장은 취합하여 김 팀장에게 보고한다. 팀원들은 자신의 보고서를 이 과장에게 줄뿐 다른 사람이 무엇을 하는지에 대해서는 알지 못한다. 월요일 회의는 주로 계획과 관련하여 김 팀장의 일방적인 질문이 이어지고, 수요일은 중요 업무 중심의 체크와 본부장 미팅 자료 준비가 큰 이슈이다. 김 팀장은 보고 프로젝트에 대해 상세하게 질문한다. 다른 팀원들은 그냥 듣고만 있다. 김 팀장의 질문이 끝나면 회의 끝이다. 물론 모든 자료는 김 팀장만 가지고 있다. 금요일 회의는 주간 실적 및 차주 업무에 대해 자료를 제출한다. 김 팀장은 자료를 보며 궁금한 사항에 대해 질문한다. 팀원들에게는 다른 사람의 자료가 없기 때문에 김 팀장이 무슨 자료를 보고 있는지 모른다. 심지어 김 팀장이 자료를 보다가 궁금한 점이 없으면 회의를 마치는 경우도 있다. 말 한마디 하지 않고 회의를 마치는 것이다.

김 팀장은 팀원들이 자신이 지시한 것을 기일 안에 해주기를 요청한다. 팀원들은 시킨 일만 하며 이곳이 기업이 아닌 군대라고 생각한다.

말을 하면
당장 보고된다

　공장에서 20년간 근무한 이 계장은 요즘 술 동두가 없다. 3년 전만해도 이 계장은 야간근무가 끝나면 동료들과 어울려 모닝주를 마시고 간밤의 피곤함을 잊을 수 있었다. 11시에 근무가 끝나는 날에는 사무실 직원과도 한 잔을 하면서 회사에 관해, 상사에 관해 이런저런 이야기를 나누며 정을 쌓기도 했다.

　그런데 새로운 공장장이 부임해 오면서 분위기가 바뀌었다. 공장장은 공장 분위기가 너무 해이하다며 이를 바로잡기 위해서는 기본 지키기가 최우선이라고 강조했다.

　기본 지키기의 첫째는 시간 지키기였다. 출근시간과 퇴근시간은 기본이며, 점심시간 및 회의시간을 철저히 통제하였다. 공장장과의 회의는 정확하게 시간이 명시되어 있었다. 예를 들어 '0월 0일 10시부터 11시, A공정 잠정 폐쇄 건'이라는 회의 참석

요청을 받으면 10시에 시작하는 것은 기본이며 반드시 11시 이전에 끝나야 한다. 한 명이라도 10시 정각에 회의에 들어오지 않으면 회의 자체를 무산시켜 버리기도 했고, 결론이 나지 않더라도 11시가 되면 회의를 종료하고 다시 일시를 정했다. 회의 시간에 사적인 대화가 사라졌다. 이전에는 이런저런 이야기를 나누며 화기애애한 분위기 속에서 회의가 진행되었는데 이제는 이런 분위기를 찾아 볼 수 없다. 식당도 12시에 개방하기 때문에 문 앞에 줄 서 있는 진풍경을 보게 되었다.

둘째는 안전관리였다. 안전이 최고의 가치라며 안전에 위배되는 모든 행동을 강력하게 통제하였다. 안전수칙을 정해 전원이 구호를 외친 후 현장에 나간다. 아무리 더워도 사무실을 나서는 순간 한 명의 예외도 없이 안전모를 착용해야 한다. 공장 정문에 음주 측정기를 설치하여 측정치를 넘는 사람은 바로 징계처리를 했다. 워낙 처벌이 강하다 보니 노동조합에서도 그 취지는 인정하지만 징계는 심하다고 주장했으나, 근본정신이 잘못되었다며 일언지하에 묵살했다.

셋째로 생산성 강화였다. 근무시간에는 근무에만 매진하고 저 가치한 업무에 대해서는 개선해 나가라며 추진한 활동은 '매일 1 제안하기' '업무 매뉴얼 정비 및 긍정 마인드 갖기'였다. 이 중 긍정 마인드 갖기와 관련해서 부서 내 불평불만을 하거나 남 탓하기, 팀워크 저해 등에 대해 벌점을 매기고 가장 낮은 점수를 받은 사람은 별도의 교육을 시켰다.

경청은 무슨,
자기 말만 하고 끝내는데

어, 경청이 그런 뜻이었나

경청은 내 입장에서 주장하는 것이 아닌, 상대 입장에서 깊이 생각하며 공감해 가며 들어주는 기법이라고 들었다. 한 상무는 인간관계에 있어 경청이 가장 바람직한 방법이라며 가능한 말수를 줄이고 경청하라고 강조한다. 한 상무는 매일 8시에 회의를 주관한다. 처음에는 가볍게 티타임을 갖자고 하였다. 9시에 출근하면 업무를 추진해야 하니까 조금 빨리 모여 가볍게 그날그날 일어난 일들 중심으로 공유도 하고 협조할 일이 있으면 요청을 하자며 회의시간을 8시로 정하였다.

김 팀장은 집에서 사무실까지 한 시간 반 정도 소요되기 때문에 일찍 출근하는 편이다. 8시 이전에 사무실에 앉아 부족한 영어공부와 독서 등을 할 수 있었는데, 이제는 그런 시간이 사라졌다고 생각했다. 아침잠이 유난히 많은 이 팀장은 걱정이 태산이다. 앞으로 1시간 일찍 일어나야 하는데 과연 가능할까 고민이다. 정 팀장도 8시에 모이는 것이 싫었으나 상사가 원하는데 반대할 구실을 찾지 못했다. 그 누구도 반대하지 못한 상태에서 당장 내일부터 시작하자고 의견을 모으고는 각자 자리로 돌아갔다. 김 팀장은 구성원에게 내일부터 팀장 이상은 8시에 출근하여 공유할 사항과 협조 사항을 이야기한다고 말했다. 이 대리는 순간 피곤하겠다는 생각이 들었다. 팀장 이상이 8시에 출근하면 팀의 선임인 자신은 최소 7시 40분까지는 도착해야 한다는 부담감이 밀려왔다.

다음날, 김 팀장이 7시 50분에 출근하니 이 대리가 와 있었다. 왜 이리 빨리 왔냐고 하면서 공유할 사항이 있으면 말해 달라고 한다. 다른 팀도 상황은 비슷했다. 8시에 한 상무에게 가니, 한 상무는 각자 돌아가면서 한마디씩 하라고 한다. 특별하게 할 말이 없어 서로 바라만 보고 있으니 한 상무가 이야기를 꺼낸다. 일방적인 자신의 이야기를 40분 이상 한 후 지시사항에 대해서 내일 아침 이야기하자고 한다.

다음날도 상황은 동일하다. 김 팀장을 포함한 모든 팀장들은 간단히 차를 마시며 돌아가는 이야기를 나누자고 했지만 며칠이 지나자 공유의 장이 아닌 지시의 장이 되어 버렸다. 전날 한 상무의 지시를 받은 팀장의 보고에 대해 30분 이상 질책이 이어진다. 나머지 팀장들은 이 시간, 이 자리에 자신이 왜 있는가 이해가 되지 않았다. 9시가 다 되어 가자 한 상무는 꽃 가지 지시를 내리며 회의를 마친다. 50분 내내 한 상무의 일방적인 이야기만 들었다. 한상무가 일이 있을 때는 빠져도 되지만, 팀장이 일이 있어 빠질 때에는 뒷말이 많다. 한번은 아침잠이 긶은 이 팀장이 회의에 참석하지 못한 일이 발생하였다. 이 팀장은 하루 종일 한 상무에게 팀장으로서 자세가 안 되어 있다고 질척을 받았다. 자신이 잘못했다는 것은 알지만 한 상무의 일방적 질책에 이 팀장은 회사 생활에 대한 심한 회의감에 빠진다.

하루는 한 상무가 경청에 대해 이야기했다. 세상에서 가장 경청을 잘한 사람은 처칠 수상의 친구였다며, 2차대전 중에 처칠의 일방적 이야기를 다 들어주고 공감하여 처칠이 올바른 의사결정을 하게 하였다며 각 팀장들도 경청을 잘하라고 한다. 김 팀장은 이 팀장과 자리로 돌아가면서 한 상무가 이야기하는 경청의 의미가 이것이었다며 웃는다. 이 팀장은 이런 상사 밑에서 근무하는 것이 자신의 인생에 어떤 도움이 될까라는 생각에 신입사원도 아니면서 직장을 다니는 의미에 대해 고민에 빠진다.

팀장과 임원의
지시내용이 다르다

그렇게 하라고 했잖아요?

중견기업을 운영하는 김 사장의 고민은 소통이다. 생산 직원을 제외하면 200여 명 수준의 사무인력이 있을 뿐인데 자신이 지시한 사항이 왜곡되거나 올바르게 조치되지 않는다. A를 지시했으면 현장에서 A가 추진되어야 하는데 현장에 가보면 A-또는 B로 일들이 이루어지고 있다.

김 사장은 현장 작업 주임들을 불러 놓고 왜 일이 B로 되었는가를 물어 보았다. 작업 주임들이 해석하는 일의 내용들이 약간씩 차이가 있었다. 특히 마감 날짜가 일치하지 않았다. 각자 다르게 해석하고 있었다. 현장 과장을 불러 어떻게 지시했는가를 물으니 생산담당 이 상무가 지시한 사항은 A이고 생산팀장이 지시한 사항은 A-로 갭이 있었다고 한다. 이 차이에 대해 현장의 입장을 고려하여 지금처럼 처리했다고 한다. 생산팀장을 불러 왜 A를 A-로 지시했냐고 하니 생산담당 이 상무의 지시였다고 한다. 이 상무를 불러 어떻게 지시했냐고 물었다. 자신이 지시한 것 중에 한 가지가 빠진 것 이외에는 다른 부분이 없었다. 김 사장은 향후 모든 지시사항은 지시를 내린 사람과 지시를 받은 사람이 모두 기록하라고 했다.

2개월 정도가 지났다. 김 사장은 이대로 가다가는 회사가 어려워지겠다는 판단이 들었다. 보고내용을 전부 기록하라는 지시가 있고 난 후부터는 자신이 시킨 업무지시는 수행되지만 자발적으로 업무를 수행하는 노력이 현저하게 줄었다. 책임을 지지 않으려는 경향이 나타났으며, 무엇보다 지시를 내리는 사람이 도전적 업무 지시를 내리지 않았다. 회사가 현상 유지 수준도 되지 않는 성과를 내고 있었다.

김 사장은 전 임원을 모아 하반기 목표를 대폭 상향하고 각 조직에서 달성전략과 방안을 수립하여 보고하라고 지시했다. 하반기 목표를 받아든 모든 조직은 현실적으로 달성 불가능하다는 불만만 토로했다. 이 상무는 사장님 지시사항이라며 높은 수준의 목표와 언제까지 전략과 방안을 마련해 보고하라고만 했다. 생산팀장은 현장 과장들을 전원 소집하여 동일한 내용을 전달했다. 현장 과장들은 목표를 달성하기 위해서는 어느 정도 수준에서 어떻게 할 것인가에 대한 전략이 선행되어야 한다며 어떤 전략을 생각하고 있느냐고 묻는다. 생산팀장이 이 상무에게 동일한 질문을 하자 그것은 생산팀장이 해야 할 일이라고 한다. 생산팀장은 자신의 생각을 정리하여 각 생산과장에게 전략과 추진 방안을 지시했다. 각 생산과장들은 전부 노트에 기록해 놓는다.

1주일 후, 이 상무는 현장을 돌다가 생산과장들이 작업을 수행하는 모습을 보며 깜짝 놀랐다. 현장의 정서와 업의 특성을 전혀 고려하지 않은 방안들이 검토되고 있었다. 이 상무는 급히 그 일이 아니라고 중단시키고 자초지정을 들었다. 자신이 생각하고 있는 방안들과는 전혀 다른 생산팀장의 지시사항이 노트에 적혀 있었다. 이 상무는 생산팀장을 불러 왜 일을 그렇게 했냐고 하니 자신의 능력과 역량을 믿고 알아서 하라고 하지 않았느냐고 말한다. 이 상무는 다음날 보고할 생각에 답답해졌다.

자료와 정보의
공유가 안 된다

이 친구에 대해 얼마나 아세요?

서 팀장은 타사에 있다가 금번 전격 스카우트되어 생산기획실로 배치되었다. 서 팀장에게 주어진 과제는 전사 중장기 생산계획 수립이다. CEO는 3개월 동안 향후 10년의 중장기 생산계획과 인력운영계획을 작성하라고 지시했다.

전 직장에서 생산계획을 수립한 경험이 있는 서 팀장은 우선 회사의 10년 후 사업전략에 관한 자료를 참조하기 위해 전략기획팀의 김 차장에게 전화를 했다. 생산기획팀장이라고 소개를 하고 CEO 지시사항으로 향후 10년간 중장기 생산계획 수립을 위해 회사의 중장기 사업전략 보고서를 보내줄 수 있냐고 요청했다. 김 차장은 그 보고서는 회사 대외비이기 때문에 전송 및 복사는 불가능하고 와서 볼 수는 있다고 한다. 몇 페이지냐고 하니 100페이지가 넘는다고 한다. 일단 전략기획팀을 찾아가 보고서를 봤지만 구체적인 전망치 등의 데이터와 각 제품별 자료들을 적어 가기에는 한계가 있었다. 복사가 가능하냐고 재요청했지만 여전히 대외비라 어렵다고 한다.

서 팀장은 부서로 와서 김 차장과 동기인 이 차장에게 조심스럽게 요청했다. 이 차장이 어떻게 했는지 3분도 지나지 않아 메일로 대외비라는 보고서가 보내져 왔다. 이 차장에게 어떻게 이런 일이 일어날 수가 있냐고 하니 전략기획팀 김 차장에 대해 얼마나 아냐고 묻는다. 자기는 동기이며 한 달에 여러 차례 술을 마시고, 당구도 가끔 함께하면서 개인적 관계를 맺고 있다고 한다. 회사 일을 하면서 관계가 중요하지만 공식적 요청은 묵살되고 사적 관계가 강조됨에 서 팀장은 답답함을 느꼈다.

생산기획실장은 본부장 회의에 참석을 하지만 피드백이 전혀 없다. 매주 목요일 개최되는 생산 판매회의에 대해서도 급한 일 아니면 결과에 대해 공유하지 않는다. CEO 보고는 항상 본인이 가지고 보고한다. 담당자가 결과가 어떻게 되었냐고 물으면 그때서야 하라고 했다는 등의 결과 중심으로 이야기해준다. 업무를 추진하지 말라는 의사결정에 대해 중간에 어떤 과정으로 왜 중지되었는가를 알려주지 않는다. 담당자는 하지 말라고 하면 하지 않을 수밖에 없다. 이유를 알아야 수정을 하고 개선안을 낼 수 있는데 도통 말을 해 주지 않는다. 가끔 물어보면 알 것 없다며 무시해 버린다.

생산기획은 각 현장의 당일 구체적인 수치들이 거의 실시간으로 생산기획실에 전달되고, 이를 기준으로 주간/월간/연간 수요 예측을 한다. 만약 생산현장의 자료가 부정확하거나 기획실로 전달되지 않으면 회사의 중장기 전략은 엉터리가 되고 만다. 생산기획뿐만 아니고 소통 이슈에 대해서는 전사가 한 방향으로 가야만 한다. 자신의 것만 소중히 여기며 공개하려고 하지 않다 보면 결국 조직 내에서 희생할 조직이나 개인도 없다. 소통이 막힌 조직은 성장할 수가 없다.

팀장과
담당자만 안다

담당자 없으면 올 스톱?

팀제가 되면서 팀장과 담당자 중심의 업무가 추진된다. 과부제였을 때에는 과장이 중간에서 전체를 조정하였지만 지금은 김 차장도 한 명의 팀원일 뿐이다. 매주 팀 회의를 실시하고 주단위로 업무 실적과 계획을 작성하여 제출하지만 자신의 일 이외에는 관심이 없다. 팀장은 한 명 한 명에게 업무 수행 정도를 묻고 지시를 내린다. 물론 팀의 중요업무와 긴급하게 하달되는 업무에 대해서는 김 차장이 많은 부분 수행을 하지만 다른 팀원들이 하는 업무에 대해서는 현재 어느 수준에서 어떻게 진행되는지 전혀 모른다.

팀장이 업무 협의 건으로 미국 2주일 출장을 가던 1주차 금요일 오후였다. A프로젝트 관련 본부장이 급히 조정사항이 있다며 관련되는 사람을 호출했다. 마침 이 프로젝트를 수행하는 이 과장이 개인 사정으로 휴가 중이었다. 팀의 가장 오랜 근무자인 김 차장은 이 프로젝트에 대해 아는 것이 없다. 팀장도 없고 담당자도 없는 상황에서 본부장의 긴급 호출이라 김 차장이 본부장실에 들어섰다.

본부장이 A프로젝트가 현재 어떻게 추진되느냐를 묻는다. 김 차장이 팀장이 해외출장이고 담당자가 개인사정으로 휴가라고 이야기한 후, 자신은 아는 바가 없다고 이야기했다. 또한 팀 내 이 프로젝트에 대해 아는 사람이 없다고 이야기하자, 본부장의 질책이 시작된다. 팀장이 평소 어떻게 팀을 관리했기에 팀의 중요 프로젝트에 대해 담당자가 아니면 알지를 못하고, 차장이나 되는 사람이 그렇게 주인의식이 없냐고 나무란다. 이렇게 관리하니 회사에 중대한 영향을 줄 수 있는 이 프로젝트에 대해 우려의 목소리가 높다며 당장 담당자를 불러 오라고 한다.

급히 이 과장에게 연락을 취했으나 핸드폰은 꺼져 있는 상태이며 집 전화는 받지 않는다. 핸드폰으로 계속 연락을 취했지만 받지 않아 본부장에게 연락이 되지 않는다고 했더니, 미국에 연락하여 당장 김 팀장을 귀국하게 하라고 한다. 팀장에게 연락을 취해 자초지종을 이야기하고 본부장과 통화를 하라고 한 후, 김 차장은 자신의 신입사원 시절을 돌아본다. 하나에서 열까지 대리에게 보고하고 과장에게 결재를 받던 시절이 갑자기 그리워진다. 차장이나 되면서 팀의 주요업무에 대해 알지 못하는 자신과 그렇게 하도록 만든 제도 탓이라는 변명이 마음속에 갈등을 일으킨다.

시계를 보니 8시다. 더 이상 있어봤자 특별히 할 일이 없다. 본부장실은 재실이라는 불이 켜져 있고, 아직도 이 과장의 핸드폰은 꺼져 있는 상태였다. 퇴근할까 생각하다가 본부장이 퇴근한 후에 나가겠다고 집에 연락한다. 아내는 금요일인데 늦는다며 술 마시지 말라고 한다. 갑자기 한잔할 사람이 그립다.

공식 보고보다
비공식 보고를 신뢰하다

내가 들은 내용과 다른데……

노사업무를 담당하는 양 팀장은 일일보고를 통해 각 사업장의 현황과 이슈를 본부장에게 보고한다. 대부분 어느 사업장에서 무슨 일이 있었으며, 특이사항 중심의 동향보고이다. 양 팀장은 이를 위해 각 사업장 인사 파트의 지원을 받아 매일 17시까지 자료를 전송 받고, 밤에 일어난 이슈에 대해서는 문서를 보고하기 직전에 중요성을 따져 포함시킨다.

평소 본부장은 각 사업장에 관심이 많다. 회사는 화학 물질을 취급하는 업의 특성상 안전이 최고 가치이다. 매일 안전 최우선주의로 가다 보니 관리자와 경영자는 현장에서 많이 생활하며 현장 중심의 의사결정을 해야만 했다. 본부장은 일일보고를 보며 A현장은 이런 일이 발생했는데 알고 있냐고 묻는다. 모른다고 하면 이 일이 얼마나 중요한 일인데 보고에 빠져있냐며 형식적인 보고서를 제출할 것이라면 하지 말라고 한다. A사업장에 연락을 취해 본부장이 이야기한 것을 문의하면 모르고 있거나 큰 의미를 두지 않았다고 이야기한다. 며칠 후 B사업장도 마찬가지이다. 인사 파트에서 파악한 것과 본부장이 파악한 것 사이에 인식의 차가 있었다.

팀장 승진발표 후 이에 대한 모니터링을 실시하였다. 일일보고는 대체적으로 긍정적이었다. 팀장 승진자의 연령이 젊어졌으며 능력과 성과가 높은 사람들이 발탁되었다는 의견을 담고 있다. 그러나 본부장의 의견은 달랐다. A사업장의 홍길동 팀장은 평소 승부욕이 강해 조직에 무리를 주는 사람이었는데 이번에 팀장이 되다 보니 구성원들이 전배를 검토하는 등 마음을 조이고 있다고 한다. B사업장은 팀장 중에 해임된 사람들은 전부 B사업본부장과의 관계가 좋지 않은 사람들로, 회사에 대한 로열티가 강하고 구성원들에게 신뢰가 높지만 사업부장의 성과지향의 저돌적이고 자기 중심형 리더십에 반한 사람들이라고 한다. 다른 사업장도 전반적으로 이번 팀장 인사에 문제가 있다는 식의 보고였다. 심한 경우, 승진의 원칙과 기준을 모르겠다며 인사가 이렇게 자신이 원하는 사람들을 비밀리에 승진시키면 누가 회사를 믿고 일하겠느냐는 이야기를 한다. 본부장은 일일보고가 인사 파트를 중심으로 하다 보니 인사에 나쁜 이야기는 다 제외되는 것 아니냐며 고민해 보라고 한다.

일일보고에 왜 이런 사건이 누락되었냐고 아침브터 호통이다. 간밤에 A사업장에 김 계장이 술에 취해 교대장과 시비가 있었는데 이것이 말이 되냐며 왜 이런 보고는 올라오지 않느냐고 한다. 급히 A사업장에 문의하니 김 계장이 출근 전 두 잔의 술을 마신 것은 사실이지만 교대장과 시비가 있었던 것은 아니었다. 공정 상에 문제가 예상되어 교대장에게 이야기했고 그 조치방법이 다르기 때문에 서로 자신의 주장을 펼치는 과정을 주위에서 보면 싸우는 모습으로 비쳐졌을 수 있다고 한다. 결국 김 계장의 의견이 받아져서 공정이슈가 해결되었다는 내용이었다. A사업장에서는 역으로 비선라인을 통해 조사할 것이면 자신들은 향후 일일보고를 하지 않겠다고 한다. 본부장에게 보고하니 올바른 의사결정을 하기 위해서는 위로 올라갈수록 비선라인도 중요하다며 가보라고 한다.

나쁜 상황일 때만
경영현황 설명회를 하다

경영현황 설명회를 준비해

A회사는 상하반기 성과에 따라 성과급을 지급한다. 과거에는 성과가 좋거나 회사에 특별히 기념할 만한 일이 있으면 특별성과급이 지급되었다. 경쟁사에 비해 훨씬 높은 성과급을 지급했기 때문에 성과급 지급에 관해 큰 불만이 없었다. 그러나 새로운 노조 집행부가 들어서면서 최근 5년간의 성과급 지급 비율을 분석한 후 상하반기 성과에 따라 두 차례만 지급할 것을 건의하였다. 성과급 지급에 관한 사항은 노동조합의 권한이 아니었지만 CEO는 의미 있는 제안이라며 이를 수락하였다. 다만 성과에 따른 성과급의 지급 비율은 회사가 정한다고 명시하였다.

노동조합과의 임금협상이 끝나고 7월이 되자 구성원들은 500% 수준의 성과급을 기대하였다. 연평균 1,000%의 성과급을 받아왔으니 두 번으로 나눴을 때 500% 수준 아니겠느냐는 계산이 깔려 있었다. 그러나 정작 지급된 것은 200%였다. 상반기 경영여건이 좋지 않아 계획 대비 실적이 좋지 않다는 이유였다. 하반기에 노력하여 계획 이상을 달성하면 보다 높은 성과급을 받을 수 있다고 했다.

11월이 되었다. 회사의 성과는 매월 큰 차이를 보이고 있었다. 전략본부에서는 급히 회사 경영설명회를 한다고 한다. 전 사원들은 경영현황 설명회보다는 내년 초 성과급이 얼마나 지급될 것인가 궁금해서 참석하였다. 전략본부장은 회사의 전반적인 매출과 수익 현황, 제품별 국제 동향, 회사를 둘러싸고 있는 이슈들을 중심으로 올해 계획을 달성하기가 어려우며 내년도는 더욱 힘들겠다는 입장을 피력하였다. 경영현황 설명이 끝나고 질의응답 시간에 성과급 지급과 관련한 질문이 이어졌다. 전략본부장은 성과급은 성과에 따라 지급되는 것이기 대문에 성과가 집계되는 1월 결과를 보며 그 지급여부가 결정될 것이라는 원칙적인 이야기만 한다.

1월 계획 대비 실적은 107%였다. 전년 대비 120% 성장이 있었지만 계획 대비 실적이 미비하다며 성과급은 50%만 지급되었다. 그해 상반기도 마찬가지였다. 하반기 성과를 크며 성과급을 지급하는 것이 옳다며 성과급을 100%만 지급하였고, 하반기는 계획 대비 실적이 저조하다며 100%만 지급되었다. 전년 대비

30% 가까이 성장하였지만, 회사의 기준은 항상 올 계획 대비 실적으로만 계산했다. 계획 자체가 달성하기 어려운 높은 수준이었다.

회사는 한번도 실시하지 않던 경영현황 설명회를 매년 상하반기 5월과 11월에 실시한다. 매번 경영현황이 어렵다고만 한다. 구성원의 참여율은 갈수록 저조하고 현장에서는 회사와 노동조합에 대한 반감은 높아져 가기만 한다.

밤의 문화로
다 결정된다

50년 넘게 안정된 기반에서 성장해 온 A회사는 술 문화가 강하다. 이 회사는 술잔을 한번 들기 시작한 사람이 중간에 먼저 일어나는 게 인정되지 않는다. 우리는 하나라며 2차도 함께 간다. 중간에 빠져 택시를 타고 집에 가고 있는 사람에게조차 차를 돌려 돌아오라고 하는 것도 이 회사에서는 당연한 일이다. 몸이 좋지 않거나 개인 사정이 있어 먼저 간다는 것이 인정되지 않는다. 몸이 좋지 않으면 시작부터 하지 말아야 한다고 한다.

술 문화가 이렇다 보니 거의 모든 날 저녁 약속이 되어 있다. 특이한 점은 그 약속들의 대부분이 내부 사람과의 약속이다. 선임팀장이 당일 본부장의 저녁 스케줄을 물어본다 특별한 저녁 약속이 없다고 하면 팀장들과 저녁을 하자고 한다. 그날 모든 팀장들은 본부장과 함께 저녁을 하면서 이런저런 이야기를 나누게 된다. 대화의 주제는 대부분 회사에 관한 일이다. 낮에는 특별한 말이 없다가 술자리에서는 회사를 둘러싼 이런저런 이야기와 타 본부 이슈 및 내부 구성원의 사소한 이야기가 오간다.

승진을 앞두고 인사팀에서는 각 사업본부의 1차 승진안을 검토한다. 승진포인트제도를 운영하는 이 회사는 사원승진에 관해 승진률만 결정하면 승진포인트에 의해 대략적인 승진자가 결정된다. 승진률은 해마다 다르기 때문에 각 사업본부의 촉각이 예민하다. 반면 팀장승진에 관해서는 Draft제도를 활용한다. 본부장이 일정 자격 이상 되는 과장급 이상의 사원에 대해서 자신이 원하는 사람을 선정하면 된다. 다른 본부장에게 보직을 받지 못한 팀장은 자동으로 보직해임이 되어 팀원이 된다. 팀원으로서 아무도 함께 근무하기를 원하지 않으면 교육팀의 특별교육대상이 된다. 이 제도가 시행됨에 따라 팀장들은 저마다 본부장과의 끈을 매우 소중히 관리한다. 만약 자신의 끈이라고 여긴 본부장이 퇴임을 하게 되면 그 라인에 있던 팀장들은 줄줄이 보직해임이 되기도 한다.

본부장이 팀장들과 저녁을 하면 승진에 관해 이야기가 나온다. 이번 승진은 누구누구를 염두에 두고 있다고 이야기한다. 모인 사람들은 자신이 어떻게 될 것인가 신경을 곤두세운다. 저녁 자리에 참석하지 못한 팀장들은 불안하다. 아침이 되면 자연스럽게 참석한 팀장에게 어제 무슨 이야기가 있었느냐 묻는 것이

관례이다. 중요한 프로젝트의 리더, 해외 연수 대상자, 승진 예정자, 평가 S등급자, 사업방향과 전략 등이 전부 저녁 자리에서 논의된다. 다음날 아침, 저녁 자리에서 결정된 것이 하나둘 처리되며 참여하지 못한 사람들에게는 통보형식으로 전달된다.

인사팀의 고 차장은 임원 인사예정자에 대한 추천을 각 본부에 요청하려고 공문을 작성하였다. 그러나 당연히 승인될 거라 예상했는데 부결이었다. 다음날 아침, 고 차장에게 인사팀장이 서류 한 장을 주며 이렇게 하라고 한다. 거기에는 각 본부의 임원 추천 대상자 명단이 적혀 있었다. 간밤에 인사팀장이 본부장들과 모여 결정한 내용이었다.

권선복(도서출판 행복에너지 대표이사, 대통령직속 지역발전위원회 문화복지 전문위원)

자신의 꿈을 이루기 위해 많은 이들이 타인의 성공 사례를 먼저 찾습니다. 한 가지 명심해야 할 점은 세상에는 성공 사례보다는 실패 사례가 더 많다는 사실입니다. 사업 역시 마찬가지입니다. 실패한 기업들은 무엇이 문제였는지 꼼꼼히 파악하여 동일한 우를 범하지 않아야 합니다. 그런 면에서 홍석환 저자의 『회사를 키우는 실행의 힘』은 현재 회사에서 근무하는 임직원 모두가 읽어야 할 책으로 권장합니다. 삼성, GS칼텍스, KT&G 등 대기업에서의 30여 년간 인사 실무 경력을 바탕으로 회사의 성장을 방해하는 요소들을 사례를 중심으로 제시한, 실전 경영서이자 자기계발서이기 때문입니다.

많은 독자들이 『회사를 키우는 실행의 힘』 책을 읽고 행복과 긍정의 기운이 샘솟는 회사생활과 경영의 시작을 공유하시길 기원드리겠습니다.

『긍정의 힘』 2탄
공저자를 모집합니다!

개요

1. 공동 저자: 총 36명

2. 책 전체 분량: 380쪽 내외(1인당 10쪽 내외)

3. 원고 분량: A4용지 5장(글자크기 10포인트, 줄 간격 160%)

4. 경력(프로필): 10줄 이내

5. 사진: 자료사진 3매, 사진 설명 20자 미만

6. 신청 및 원고 접수: 수시 마감

7. 출간 예정일: 연 3회

긍정, 행복, 성공에 관한 이야기를 독자들에게 전하고 나눌 수 있는 내용의 원고를 자유로운 형식으로 작성하여 제출해 주시면 행복에너지 소속 전문 작가가 독자들이 읽기 편하도록 전반적인 윤문과 교정교열을 할 예정입니다.(원고는 ksbdata@daum.net 으로 송부해 주시기 바랍니다.)

책 발행비용은 100만 원이며 저자에게 발행 즉시 100부를 증정합니다. 발행비용은 신청 시 50만 원, 편집완료 시 50만 원을 '국민은행 884-21-0024-204 도서출판 행복에너지 권선복'으로 입금해 주시면 되겠습니다.

자세한 문의는 언제든지 하단의 전화, 이메일을 통해 연락을 주시면 성실히 답변을 드리오며 원고 내용이나 책에 관해 궁금하신 분들은 도서 『긍정의 힘』을 직접 참조해 주시기 바랍니다.

도서출판 행복에너지: www.happybook.or.kr
대표이사 권선복

HP: 010-8287-6277   Tel: 0505-613-6133   E-mail: ksbdata@daum.net

음악을 건네다
최철규 지음 | 320쪽 | 15,000원

현재까지 라디오 방송 DJ와 PD로 활약하면서 수많은 청자들에게 음악을 선물해 온 저자가 20여 년간의 음악 방송인 경력을 십분 발휘하여, 고르고 고른 58곡의 노래에 이야기를 덧입혀 담아낸 음악에세이집이다. 국내외 거장들의 노래 가사를 하나씩 소개하면서 그와 걸맞은 이야기를 정감 어린 톤으로 풀어낸다.

열정 리더십의 스파크 경영
최유섭 지음 | 280쪽 | 15,000원

『열정 리더십의 스파크 경영』은 현재 20년 넘게 전문 전자부품 분야에서 정상의 자리를 지켜오고 있는 '텔콤'의 최유섭 대표이사의 경영론 모음집이다. 텔콤의 창립부터 현재에 이르기까지의 연혁을 바탕으로 '이기는 경영'이 무엇인지, 리더가 진정으로 갖춰야 할 열정과 태도는 무엇인지를 생생하게 전하고 있다.

하루 일자리 미학
김한성 지음 | 260쪽 | 15,000원

책 『하루 일자리 미학』은 현재 인력소개업을 하는 저자의 생생한 경험담을 바탕으로 인력소개업계가 앞으로 나아가야 할 올바른 방향은 무엇인지, 기업과 근로자 모두가 상생하는 방안은 무엇인지에 대해 제시한다. '건설인력업계 민간 부문 최초의 책'으로서 더욱 주목받고 있으며, 수많은 일용근로자들에게 삶을 알차게 가꿀 계기를 마련해주는 이정표가 되어 줄 것이다.

긍정의 힘
김영철 외 36인 지음 | 416쪽 | 15,000원

『긍정의 힘 - 인생을 성공으로 이끄는 단 하나의 열정』은 성공을 거머쥐기 위해 반드시 갖춰야 할 자세 '긍정'의 힘이 얼마나 위력적인지를 다양한 목소리를 통해 들려준다. 자기 자신에 대한 굳건한 믿음, 아무리 힘겨워도 웃을 수 있는 밝은 마음이야말로 이 험난한 세상을 이겨나가게 하는 가장 큰 무기다. 긍정 선생이 전하는 도전, 성공, 웃음, 행복, 희망의 이야기를 만나보자.